Rudolf Alexander Mayr

Lächeln
gegen die
Kälte

Geschichten aus dem Himalaya

Tyrolia-Verlag · Innsbruck-Wien

Bibliografische Information Der Deutschen Nationalbibliothek
Die Deutsche Nationalbibliothek verzeichnet diese Publikation in der
Deutschen Nationalbibliografie; detaillierte bibliografische Daten sind im
Internet über http://dnb.d-nb.de abrufbar.

2014
© Verlagsanstalt Tyrolia, Innsbruck
Umschlaggestaltung: Tyrolia-Verlag unter Verwendung eines Bildes
von Ralf Gantzhorn (Cover) sowie Kurt Markus, USA (Autorenfoto)
Alle weiteren Abbildungen stammen vom Autor.
Layout und digitale Gestaltung: Tyrolia-Verlag
Lithografie: Artilitho Trento (I)
Druck und Bindung: Alcione, Lavis (I)
ISBN 978-3-7022-3337-2
E-Mail: buchverlag@tyrolia.at
Internet: www.tyrolia-verlag.at

INHALT

Der alte Flughafen von Lukla

LUKLA, DER WHISKYPILOT
UND DAS HOTEL ORIENTAL

Als im Jahre 1961 Sir Edmund Hillary die Idee kam, auf einem steil abfallenden Kartoffelacker am Eingang zu den großen Bergen des Himalaya ein Flugfeld zu errichten, konnte er nicht ahnen, welche Szenen sich Jahrzehnte später, mit dem aufkommenden Massentourismus, auf diesem plattgewalzten Kartoffelacker abspielen würden.

Freilich hatte zur gleichen Zeit, in einer Art prophetischer Vorahnung, der junge Friedrich Dürrenmatt geschrieben, „… alles musste rentieren und rentierte: sogar die unermesslichen Steinhaufen und Geröllhalden, die Gletscherzungen und Steilhänge, denn seit die Natur entdeckt worden war und sich jeder Trottel in der Bergeinsamkeit erhaben fühlen durfte, wurde auch die Fremdenindustrie möglich: die Ideale des Landes waren immer praktisch."

Was für die Schweiz galt, würde, etwas zeitverzögert, auch für den Himalaya gelten.

Lukla liegt auf etwa 2800 Metern Seehöhe und ist der Ausgangsort für Bergbesteigungen rund um den Mount Everest. Hier landet man, von Kathmandu kommend, mit kleinen, zweimotorigen Maschinen, die mithilfe von hoffentlich gut funktionierenden Bremsen und der nicht unbeträchtlichen Steigung des plattgewalzten Kartoffelackers es schaffen sollten, vor der großen Steinmauer, die das Ende der Landepiste markiert, auf Schritttempo abzubremsen, nach rechts zu rollen und sich schließlich wiederum für den Abflug zu positionieren.

Damals, als König Birendra noch über eine beinahe unbegrenzte Machtfülle gebot, gab es in Nepal nur eine einzige Fluglinie, die Royal Nepal Airlines Corporation, abgekürzt RNAC. Sie gehörte der Frau des Königs und war in jeder Hinsicht konkurrenzlos. Die einzige Regelmäßigkeit bestand in den legendären Verspätungen und Abstürzen. Deshalb hieß die Fluglinie unter Insidern *Royal Nepal Always Cancelled*.

Hierher, in dieses kleine Nest Lukla waren wir zurückgekommen, nachdem wir einen sechstausend Meter hohen Berg bestiegen hatten. Wir schrieben als Wochentag den Montag und waren guter Dinge, denn für den nächsten Tag hatten wir einen bestätigten Flug zurück nach Kathmandu und am folgenden Samstag mittels Around the World Ticket nach Bangkok, um in Thailand einen dreitägigen Badeaufenthalt zu genießen, bevor es wieder nach Hause ging. So saßen wir also mit unseren sonnenverbrannten Gesichtern, in der Linken ein Stück frisch erworbenen Käse, in der Rechten eine kühle Flasche Bier, auf einem Steinmäuerchen und blickten frohgemut das Rollfeld hinunter. Vereinzelt grasten Yaks darauf, auch spielende Kinder waren zu sehen und große Schlaglöcher, die mir schon beim Landen vor mehr als drei Wochen Rätsel aufgegeben hatten. Dass hier noch kein Bugrad davongeflogen war, erschien mir wie ein Wunder. Links und rechts der Rollbahn waren, seltenen Trophäen gleich, die Wracks von fünf oder sechs abgestürzten oder sonst wie zu Schaden gekommenen Maschinen drapiert.

In der folgenden Nacht erwachte ich durch Donnergrollen und Blitze, die meine bescheidene Unterkunft bis in den letzten Winkel erhellten. Ein schwerer Dauerregen folgte. Ich schlief beruhigt wieder ein, denn Gewitter gelten in Asien von alters her als Glückszeichen. Am nächsten Morgen regnete es noch immer. Vor dem Büro von *Royal Nepal Always Cancelled* staute sich schon eine lange Schlange besorgter Bergtouristen. Vereinzelt drangen Rufe des Unmuts nach draußen. Denn das System der RNAC war nach nepalesischer Logik ausgeklügelt: Wer für den Montag beispielsweise einen bestätigten Flug hatte, wurde nicht automatisch am Dienstag eingereiht, falls der Montagflug ausgefallen war, nein: Diese Gruppe wurde wieder an das Ende gereiht und die Dienstaganwärter kamen dran. So konnte es einem passieren, dass Hunderte andere Fluggäste als Nächste zum Zug kamen und der ausgefallene Montagflug erst fünf Tage später nachgeholt wurde. Das Teuflische dieses Systems wurde uns erst bewusst, als es schon einige Tage geregnet hatte.

Aber an diesem Tag waren wir noch guter Dinge, lächelten sogar etwas hämisch über die Ungeduld der anderen westlichen Touristen, die da vor uns standen und den Ort unbedingt verlassen wollten und so gar nichts von der berühmten asiatischen Ruhe angenommen hatten (die wir selbst glaubten, inzwischen gepachtet zu haben).

Als es aber am nächsten Tag, dem dritten Wartetag, noch immer in Strömen regnete und wir um sechs Uhr früh beobachten konnten, wie die Flugfeldkommission über das inzwischen knöcheltief aufgeweichte Flugfeld stapfte, musste ich mir eingestehen, dass meine eigene asiatische Gelassenheit etwas ins Wanken kam. Denn der Samstag würde der einzige Tag eines Anschlussfluges von Kathmandu nach Bangkok sein, und dann eben wieder der Samstag eine Woche später. Es würde keinen anderen Flug geben, und wenn wir hungerstreikend vor dem Königspalast in Kathmandu Harakiri verübten.

Inzwischen war es zwischen den westlichen Bergtouristen vereinzelt zu unschönen Szenen gekommen. Im Kampf um das letzte Stück Toastbrot in Nima Sherpas Laden an der

Dorfstraße (der einzigen Straße Luklas, aber was heißt hier schon Straße) waren zwei Touristen mit Eispickeln aufeinander losgegangen, und in der Sherpa Coop Lodge am Rollfeld unten hatte ein Schweizer einen Neuseeländer mittels Uppercut auf die Bretter geschickt. Womöglich war Letzteres aber nur eine Eifersuchtsszene gewesen und hatte mit den verhinderten Flügen nichts zu tun.

Auf jeden Fall stieg die Spannung in diesem kleinen Bergdorf langsam ins Unerträgliche und wurde noch gesteigert durch die Tatsache, dass jeden Tag etwa hundert neue Bergtouristen nach Lukla zurückkamen, die ihre Trekkingtouren und Bergbesteigungen vollendet hatten. Und jeden Morgen ab sechs Uhr fanden wir Expeditions- und Gruppenleiter uns erneut im Tower des Flughafens ein, einer schwindligen Bretterbude am Ende des Rollfelds, um die neuesten Wetternachrichten und Funksprüche aus Kathmandu zu hören. Aber es regnete ohne Ende. Und so wie die schweren Tropfen niedersanken, sank auch die Stimmung in meiner Gruppe.

Ohnehin hatte ich von Anfang an zwei Aufwiegler dabeigehabt, die keine Gelegenheit zur Intrige ausgelassen hatten. Einer (nennen wir ihn Herrn Fröhlich), der Vater einer berühmten Persönlichkeit, war wochenlang durch seinen Geiz und seine Sticheleien aufgefallen. Sein bester Freund, ein milder, altersweiser, pensionierter Arzt, mit dem er zu Hause sein Leben lang jedes Wochenende auf Berge gestiegen war und nun, auf dieser Tour, das gemeinsame Zelt teilte, hatte deshalb schon seit dem vierten oder fünften Tag kein Wort mehr mit ihm gewechselt.

Herr Fröhlich hatte am letzten Tag der Tour einen Dollar, einen *einzigen* Dollar, den Sherpas als Trinkgeld bezahlt für ihre wochenlangen Buckeleien, und den forderte er jetzt zurück.

Denn seiner Meinung nach waren die Sherpas auch für das Wetter verantwortlich.

Der zweite der beiden Spaltpilze war mir auf dem Gipfel des Sechstausenders besonders unangenehm aufgefallen, als er einem Arzt und seiner Frau aus meiner Gruppe, die ihn baten, mit ihrer Kamera ein Gipfelfoto zu machen, einfach im Bildausschnitt die Köpfe abschnitt (wie er mir unmittelbar danach stolz schilderte).

Auch hatte er schon nach dem Abflug von Frankfurt mein ungläubiges Erstaunen erregt, weil er gleich nach Erreichen der Reiseflughöhe mit einer großen leeren Plastikflasche abwechselnd in jeder einzelnen Toilette verschwunden war. Mit der gefüllten Flasche kam er schließlich zufrieden grinsend zurück. Drin befand sich eine helle Flüssigkeit. Ich hatte nicht an mich halten können, als er sich vor mir wieder hinsetzte, und ihn gefragt, was das solle. Zufrieden grinsend hatte er sich umgedreht: „Ich habe ihnen das gesamte Kölnisch Wasser abgezapft", sagte er und lehnte sich wieder in den Sessel zurück. Diesen Zweifüßer wollen wir Herrn X nennen, denn ich will keine Klage nach dem Pressegesetz riskieren. Er wird später in meiner Geschichte noch eine wichtige Rolle spielen.

Auf die Vorschläge dieser beiden eben genannten Herren zur Lösung der Situation will ich hier aus Gründen des Feingefühls nicht näher eingehen, sie waren jedenfalls nicht dazu angetan, die Stimmung in der Gruppe zu heben. Meuchlings unterstützt wurden sie von einem Dritten in der Gruppe, der den ganzen Tag halbblau vor sich hinsagte: „Meine Mission ist erfüllt!" (Er war schließlich auf einem sechstausend Meter hohen Berg gestanden – sein Lebenstraum.) Er wiederholte diese Formel ungefähr dreihundert Mal am Tag bei jeder Gelegenheit und wurde dabei nicht gewärtig, dass die anderen,

„normalen" Mitreisenden dabei immer gefährlicher mit den
Augen zu rollen begannen. Denn schon beim Anmarsch zum
Berg, als ab einer Höhe von über viertausend Metern die meisten der Gruppe mehr oder weniger unter Kopfschmerzen zu
leiden begannen, hatte er mit der gleichen Intensität ein anderes Mantra vorgebracht: „Unglaublich, wie ich beisammen
bin. Überhaupt kein Kopfweh!" Dies ebenso an die zwei- bis
dreihundert Mal am Tag, beginnend beim Frühstück und en-
dend beim Einschlafen. Nennen wir ihn Herrn L. Er war auf
hundert Meter Entfernung an seiner Stoppelfrisur erkennbar,
ein immerzu braungebrannter Troglodyt mit einer Knollenna-
se aus einer Nachbargemeinde von Innsbruck, der in den Jahren der Winter-Olympiaden 1964 und 1976, jedoch an Hoch-
sommertagen, angetan mit dem Pullover der österreichischen
Skinationalmannschaft, auf der Schulter die Kneissl *White-
Star*-Abfahrtsski, stundenlang die Maria-Theresien-Straße
auf und ab marschiert war. So etwas macht einen ungemeinen
Eindruck auf die weiblichen Touristen.

Der Morgen des Donnerstags war da. In Lukla gab es inzwischen kein Brot mehr und kein Mehl, auch kein Gemüse, keine Schokoriegel und keine Kekse. Das Frühstück, bestehend
aus Reis mit Linsen (*Dhal Bat*), fand nur mäßigen Beifall in der
Mannschaft.

Es regnete in Strömen. Durch den Morast watete ich zum
Kontrollturm. Drinnen war die Zahl der Gruppen- und Expeditionsleiter auf etwa fünfunddreißig angewachsen. Die Zahl
der wartenden Touristen hatte die fünfhundert überschritten.
Der Flughafendirektor saß an seinem wackeligen Holztisch
und trug die neuen Anwärter mittels Bleistift in sein Buch ein.
Ich beobachtete, wie sein linkes Bein in leichtem, doch deutlich wahrnehmbarem Stakkato auf und ab ging. Er versicherte

uns allen (zum tausendsten Mal), dass heute ganz gewiss zwei, wenn nicht drei oder gar vier *Twin Otter* kämen und alles, aber auch alles, wieder seinen normalen Gang ginge. Er war umgeben von vier oder fünf weiteren Offiziellen. Alle hatten sie das nepalesische Amtskäppchen aufgesetzt, als ob sie damit den Regen aussetzen könnten. Ein argentinischer Expeditionsleiter (seine Mannschaft war gerade vom Everest gekommen) fragte höflich nach, wie sie es denn schaffen wollten, bei diesem Regen Lukla anzufliegen. Denn er wäre mit seiner Gruppe an diesem Tag als Nächster an der Reihe gewesen.

Der Oberkapo bekräftigte, dass es auf jeden Fall heute zu zwei, wenn nicht drei oder sogar vier Flügen kommen würde. Der Argentinier blickte kurz über die Schulter durch die verdreckten Scheiben in den Regen hinaus. Sein Gesicht nahm dabei eine seltsame Starre an. Er hatte erfolgreich seine Gruppe auf den Gipfel des Everest geführt und wieder heil heruntergebracht, doch nun schien er mit seinen Nerven am Ende.

„I don't believe you any more!", sagte er schließlich für alle vernehmlich zum Oberkapo.

Dessen Gesicht und die Gesichter der anderen Dienstkappenträger nahmen nun ihrerseits für einen Augenblick eine seltsame Starre an. Und während der Argentinier sich umdrehte und entrüstet über die hennenleiterähnliche Treppe nach unten stieg, nahm der Oberkapo gelassen einen Radiergummi, radierte die Argentinier in seinem Buch einfach aus und setzte sie sorgfältig wieder ein, aber an die letzte Stelle, am Ende der fünfhundert anderen Wartenden. Die Glaubwürdigkeit asiatischer Würdenträger sollte man niemals im Beisein ihrer Untergebenen in Zweifel ziehen.

Ich muss zu meiner Schande gestehen, dass meine bergsteigerische Solidarität mit den Argentiniern nicht so weit ging, dass ich nun Protest einlegte. Denn anstelle der ausradierten Unglücklichen, die erst in vier oder fünf Tagen wieder drankommen würden, waren nun wir an die erste Stelle gereiht. Morgen war Freitag, und da würden wir ganz sicher fliegen und am Samstag den einzigen Anschlussflug der ganzen Woche nach Bangkok erreichen.

Dies schienen nun auch die anderen Gruppenleiter zu erkennen, und wir arrangierten ein konspiratives Treffen in einem Hinterzimmer in Pasang Sherpas Flughafenlodge. Nach dem Mittagessen (Reis mit Linsen) trafen wir uns dort. Die meisten von uns waren in einer Demokratie aufgewachsen und deshalb versprachen wir uns einen durchschlagenden Erfolg im Verfassen von Beschwerdebriefen, die unsere Gruppenmitglieder ebenfalls unterzeichneten und die ich, als besondere Vertrauensperson, dem Tourismusminister in Kathmandu persönlich übergeben sollte. Alles in allem waren es fünfunddreißig Beschwerdebriefe mit etwa fünfhundert Unterschriften, die ich nun sorgfältig in meiner Brusttasche verstaute (in der Schweiz hätte dies beinahe für eine Volksabstimmung gereicht). Erheblich gestärkt durch diesen dicken Packen an Vertrauensvorschuss, machte es mir nun auch weniger aus, als ich in unserer Unterkunft durch die Worte „Meine Mission ist erfüllt" begrüßt wurde, während im Hintergrund Herr Fröhlich mit Herrn X halblaut die Möglichkeiten von Regressforderungen erörterte.

Das Abendessen (Reis mit Linsen) verlief schweigsam. Das Alarmierende war, dass zusehends auch die „normalen" Mitglieder meiner Gruppe nervös wurden. Denn der Großteil der Gruppe war durchaus normal, angenehm im Umgang und wohlgesonnen. Doch ein jeder und eine jede, egal ob Arzt, Tankwart, Lokführer oder Sekretärin, musste ab dem bestimmten Datum unserer gebuchten Rückkehr wieder zu arbeiten beginnen, und so blieb auch mir, ähnlich dem nepalesischen Oberkapo Stunden zuvor, nichts anderes übrig, als gebetsmühlenartig zu wiederholen, dass morgen ganz sicher zwei, wenn nicht drei oder gar vier Flugzeuge kommen würden. Dabei blickte ich durch das Fenster nach draußen und dachte mir: „Das glaubst du wohl selbst nicht!" Denn es regnete noch immer.

Der erste Blick aus dem Fenster um sechs Uhr am Freitagmorgen zeigte mir, dass sich nichts verändert hatte. Nach dem Frühstück (Reis mit Linsen) folgte der zur Routine gewordene Gang zum Kontrollturm, in dem uns der Oberkapo eröffnete, dass Kathmandu Aufhellungen im Verlauf des Tages gemeldet hätte. Seine Assistenten lächelten uns zu, als hätten wir in der spanischen Lotterie den Hauptgewinn gezogen.

Der Vormittag verging mit Nieselregen, Kaffeetrinken und meiner Gruppe zulächeln (Aufhellungen …), aber nach dem Mittagessen (Reis mit Linsen) begann sich auch meine Zuversicht zu verflüchtigen. Denn nach Lukla gab es damals nur am Vormittag Flüge, und nun blieben nur noch wenige Stunden bis zur Dunkelheit (in Nepal dunkelt es im Herbst schon um sechs Uhr abends).

Gegen vierzehn Uhr hörte es plötzlich auf zu regnen, und die Nebel lichteten sich. Vereinzelt grasten wieder Yaks auf den schmalen Streifen von Grün zwischen den Schlaglöchern des Rollfeldes, und Kinder tollten im Gatsch herum. Eine Stunde später ging die Flughafensirene. Alles war in heller Aufregung und starrte angestrengt talauswärts, dorthin, wo das Flugzeug auftauchen musste. Ein Polizist rannte, aufgeregt auf seiner Trillerpfeife blasend, auf das Rollfeld und verjagte die Yaks und die Kinder. Dann legte sich wieder Stille über den Flughafen. So verging etwa eine halbe Stunde. Plötzlich rief einer unserer Sherpas: „Airplane, Airplane" und deutete aufgeregt talauswärts. Tatsächlich, über dem Thaksindo-Pass schwebte eine *Twin Otter* heran, drehte in unsere Richtung ab und arbeitete sich zwischen den Nebelfetzen das schluchtartige Tal herein. Auf Höhe von Lukla drosselte sie die Motoren, drehte in Richtung des Flugfeldes, machte einen Moment den Eindruck, als würde sie in der Luft stehenbleiben und sich das Ganze noch einmal überlegen, sank dann schnell und setzte am untersten Rand der Piste auf. Sofort fing sie an abzubremsen und unter dem Geheul der Motoren schaukelte und schleuderte sie bis zu uns herauf und kam unbeschädigt zum Stehen. Gebannt hatten wir bei dem Manöver zugesehen und dabei gar nicht mitbekommen, dass noch eine zweite Maschine im Anflug war, die ebenso landete und sich neben der ersten Maschine auf dem kleinen Platz vor dem Flughafengebäude einreihte. Die Reifen der Maschinen hatten tiefe Spuren auf dem Rollfeld hinterlassen.

In der Annahme, dass wir die Nächsten seien, die an der Reihe wären, näherten wir uns der ersten Maschine, deren Propeller gerade zum Stillstand gekommen waren. Unsere Sherpas waren schon dabei, das Gepäck heranzuschleppen, als mich der Pilot fragte, ob wir die italienische Gruppe seien. Hätte ich doch ja gesagt! Aber so blieb ich bei der Wahrheit und entgegnete: „Nein, wir sind die Österreicher."

Ja, dann, sagte der Pilot, seien wir erst beim nächsten Flug dabei, denn dieser sei für die Italiener reserviert. (Unsere südlichen Nachbarn, so dachte ich mir in diesem Moment, hatten wohl einen ziemlichen Packen Dollars unter dem Holztisch hinüberwandern lassen, auf dass der Oberkapo den Radiergummi an der richtigen Stelle ansetzt …). Aber wir hatten ja noch das zweite Flugzeug, also war die Sache nicht weiter schlimm. Doch während der Stationsmanager des Flughafens die italienische Expeditionsmannschaft zur Gangway der ersten Twin Otter hineintrieb, die Piloten die Motoren wieder starteten, und die Nebel am Ende der Rollbahn, dort wo sie ins Dudh-Kosi-Tal mit einer Klippe abbricht, in beängstigender Schnelligkeit abermals stiegen – was tat da die Besatzung *unseres* Flugzeugs?

Sie stiegen seelenruhig aus dem Flugzeug, streckten die Rücken und reckten die Arme, als wandelten sie unter einem wolkenlosen Himmel, und wandten sich dann Dawas Himalaya Lodge zu. Als das Flugzeug mit den Italienern am obersten Ende der Rollbahn stand, mit festgezogenen Bremsen, und die Piloten die Motoren zur höchsten Umdrehung aufheulen ließen und dann die Bremsen lösten, um schaukelnd und schleudernd die aufgeweichte Piste hinunterzudonnern, waren unsere eigenen Eisheiligen bereits in der Tür von Dawas Lodge verschwunden. Ich sah der Italienermaschine nach, wie sie langsam dem Thaksindo-Pass zuschwebte, um gleich dahinter in einer Wolkenbank zu verschwinden, während eine weitere, wesentlich bedrohlichere Wolkenbank in spätestens einer halben Stunde das Ende der Rollbahn verschlucken würde. Ich spürte das unwiderstehliche Verlangen, den Oberkapo aufzusuchen und ihm seinen Radiergummi zum Essen zu geben und gleich anschließend unsere Eisheiligen bei den Ohren ins Cockpit zu hieven.

Beim kurzen Anstieg zu Dawas Lodge beruhigte ich mich wieder etwas. Es blieb ja noch eine halbe Stunde Zeit, bis die Nebel wieder alles verschlungen hätten.

Als ich die Lodge betrat, saß die Crew im Extrazimmer. Dawa, der Hotelbesitzer, den ich schon immer eines gewissen Opportunismus verdächtigt hatte, ließ ihnen gerade einen Imbiss servieren: Tee, Kekse, frischen Toast. Dawa musste heimlich gehortet haben, oder wenigstens rationiert, denn hier saßen sie nun, die beiden Piloten und die Stewardess und der Oberkapo und die lokalen Servicekräfte von *Royal Nepal Always Cancelled,* und mampften und tranken und lachten und ließen es sich schmecken.

Ich sammelte all meinen in den vorherigen Wochen gesammelten asiatischen Gleichmut und räusperte mich vernehmlich: „Die Nebel steigen", sagte ich. „Und zwar schnell."

„Machen Sie sich keine Sorgen", sagte der Pilot. „Wir werden fliegen!"

„Wann?"

„Heute. Wir nehmen hier nur noch einen kleinen Imbiss zu uns!"

„In einer halben Stunde werden wir die Hand vor den Augen nicht mehr sehen!"

„Wir werden fliegen!", widersprach er.

Ich überlegte. Ich war hier zweifelsfrei in einen Zirkel von Wahnsinnigen gelangt. Um einen Wahnsinnigen zu verstehen, sagte ich mir, musste man sich in das Innerste des Wahnsinns begeben, dort, wo keine Zirkulation mehr bestand. Wie in einem Taifun.

„Tss, tss, das bisschen Nebel", sagte ich deshalb, „und das bisschen Regen. Das macht uns doch eigentlich gar nichts aus." Ich lächelte zuerst den Captain, dann den Oberkapo an.

„So ist es", sagten sie fast zugleich und lächelten zurück.

„Wir werden fliegen. Heute noch. Sie können sicher sein. Hundertprozentig."

Ich verließ den Gastraum, und sie wandten sich wieder ihrem Imbiss zu. Während ich überlegte, was ich meiner aufgebrachten Gruppe als Trost mitteilen sollte, hörte ich schon das vertraute Trommeln des wieder stärker werdenden Regens auf den Blechdächern. Das Ende der Landepiste war schon nicht mehr zu sehen, und die Nebel waren noch immer im Steigen. Es war vier Uhr nachmittags.

In der Unterkunft angekommen, versuchte ich meine Gruppe zu vertrösten (beim ersten Aufhellen, und sonst morgen früh … usw. usf.). Dann sah ich aus dem Augenwinkel, wie die Crew die Lodge verließ und das Flugzeug ansteuerte. Für einen kurzen Moment tat mein Herz einen hoffnungsvollen Hüpfer, aber nein, knapp vor dem Betreten des Flugfeldes schwenkten sie gemeinsam nach links ab und steuerten die Sherpa Coop Lodge an. Das verhieß nichts Gutes. Ich ließ in meiner Unterkunft noch etwa eine halbe Stunde alle möglichen Drohungen inklusive Regressforderungen über mich ergehen, wartete das vertraute und überaus tröstliche „Meine Mission ist erfüllt!" ab und suchte dann umgehend mein Zimmer auf. Hier halfen nur mehr drastische Maßnahmen.

Ich entnahm der Deckeltasche meines Rucksacks ein handliches Päckchen Dollarscheine. Dies waren ungefähr zwei Monatslöhne eines Captains. Was die Italiener konnten, das sollte ich doch auch können. Entschlossen machte ich mich zur Sherpa Coop Lodge auf.

Inzwischen war etwa eine Stunde vergangen.

Das Innere der Sherpa Coop Lodge bestand in der Hauptsache aus einem großen Raum mit einem offenen Kamin. Draußen war es noch nicht dunkel, aber man hatte schon ein Feuer entzündet, und davor saßen nun meine Eisheiligen und wärmten sich die Hände. Eine zusätzliche Wärmequelle war der Whisky, der auf dem kleinen Tischchen stand. Freudig musste sich der Captain davon genehmigt haben, denn die Flasche

Johnnie Walker Red Label war schon halb leer. Nur der Co-Pilot saß bescheiden daneben und nippte an seinem Tee.

Ich bat den Captain höflich vor die Tür. Etwas schwankend folgte er mir.

„Hören Sie", sagte ich, „die Nebel lichten sich gerade etwas. Wir haben noch eine Stunde Zeit bis zum Dunkelwerden. Könnte nicht Ihr Co-Pilot …?"

Ich hielt ihm das Päckchen Dollarscheine unter die Nase. Für einen kurzen Moment betrachtete er es, musste sich dann aber seines eigenen Schwankens allzu sehr bewusst geworden sein.

„Der Co-Pilot schafft das nicht", sagte er dann und hielt sich am Türstock.

„Aber ich bitte Sie", versuchte ich ihn zu ermuntern, „mit Ihrer Anleitung!" Ich wedelte verführerisch mit dem Päckchen Dollarscheine unter seiner Nase. Wieder blickte er angestrengt hin.

„Nein, nicht möglich", lallte er dann und schwankte zurück zu seinem Tisch. Ich steckte das Päckchen mit den Dollars wieder ein und zog ein anderes heraus, das mit den Beschwerdebriefen von den etwa fünfunddreißig Gruppen, die sich hier in Lukla inzwischen angesammelt hatten.

„Bist du nicht willig …", so murmelte ich und baute mich vor dem Captain auf. Inzwischen hatte man ihm nachgeschenkt, und er tat einen tüchtigen Schluck. Sein Zustand drohte sich besorgniserregend zu verschlimmern, aber ich baute noch immer auf den Co-Piloten.

Ich zog das Paket mit den Beschwerdebriefen aus dem Anorak.

„Ich habe hier", sagte ich und machte eine kurze dramaturgische Pause, bevor ich fortfuhr: „fünfunddreißig Beschwerdebriefe mit fünfhundert Unterschriften verschiedener Nationen. Die werde ich dem Tourismusminister vorlegen, wenn Sie es, verdammt noch einmal, nicht schaffen, Ihren Flieger klarzumachen und uns nach Kathmandu zu bringen."

Der Captain war aufgestanden und gerade dabei, die fünfunddreißig Zentimeter Mindestabstand zu meinem Gesicht, die für die Wahrung der Intimsphäre nun einmal notwendig sind, zu unterschreiten.

„Dem Tourismusminister?", fragte er. Seine Augen waren schon etwas blutunterlaufen.

„Dem Tourismusminister", bekräftigte ich.

Da ließ er das halbvolle Whiskyglas demonstrativ fallen.

„Das können Sie ruhig", sagte er. „Aber es wird Ihnen nichts bringen. Der Tourismusminister ist nämlich mein Onkel!"

Sagte es und ließ sich wieder in den Stuhl fallen, während ihm der Wirt ein frisches Glas brachte.

Ich ging entlang der Rollbahn zurück zu meiner Lodge. Es hatte wieder stärker zu regnen begonnen. Der abendliche Reis mit Linsen wollte uns gar nicht recht schmecken. Morgen hätten wir vom Tagesanbruch bis zum Anschlussflug in Kathmandu allerhöchstens zweieinhalb Stunden, denn der Abflug nach Bangkok war um viertel nach elf angesetzt.

Es regnete bis halb sechs Uhr früh. Um sechs blickte ich durch das Fenster der Lodge auf das Rollfeld. Drei Personen stapften darin mit gesenkten Köpfen auf und ab. Sie sanken bis zu den Knöcheln im Morast ein. Es waren der Oberkapo, unser Captain und ein weiterer Bediensteter. Ich putzte mir provisorisch mit Mineralwasser die Zähne und fuhr in die Hosen. Vor der Lodge prüfte ich die Bewölkung. Acht Achtel bedeckt, doch mit einer Schichtbewölkung. Der Thaksindo-Pass, die

Einflugschneise für den Flugverkehr, war frei zu sehen. Hoffnungsfroh schlenderte ich den drei Eisheiligen entgegen.

„Guten Morgen", sagte ich.

„Guten Morgen", sagten sie.

„Schaut nicht schlecht aus!"

Der Captain wackelte traurig mit dem Kopf, um den ich ihn heute nicht beneidete. *Lama Drum* nennen die Sherpas solche Zustände postalkoholischer Natur, weil er sie mit seinem Trommeln an dasjenige der Lamas bei ihren Gesängen erinnert.

„Werden wir jetzt endlich fliegen?"

„Das ist nicht möglich!" Ich fiel aus allen Wolken.

„Wie das?"

„Das Flugzeug ist kaputt!"

„Kaputt?" Wie konnte ein Flugzeug über Nacht kaputtgehen?

„The *hinge* of the door", sagte er.

„Das möchte ich sehen!" Auf dem Weg zum Flugzeug fiel mir wieder ein, was *hinge* hieß: Scharnier.

Und tatsächlich: Die Einstiegstür des Flugzeuges hing schief in den Angeln, denn ein Scharnier war gebrochen.

„Wer was das?", fragte ich, doch etwas fassungslos.

Der Captain zuckte mit den Schultern: „Materialermüdung, wahrscheinlich."

„Über Nacht?"

„Das passiert."

„Sie warten hier!" Und setzte ein höfliches *Bitte!* nach. Ich eilte in die Lodge und scheuchte meine Mannschaft auf, die gerade beim morgendlichen Reis mit Linsen saß. Ich berichtete in kurzen Worten das Geschehene, und wir eilten gemeinsam zum Flugzeug.

„Die Ratte hat das Scharnier zerbrochen!", stieß Herr X scharfsinnig zwischen den Zähnen hervor.

„Was sollen wir jetzt tun?"

„Wisst ihr was?" Mir war eine blendende Idee gekommen. Ich ließ meinen Blick über die Flugzeugwracks am Rande der Piste schweifen. „Es hat doch ein jeder von euch ein Schweizermesser?" Alle nickten. „Dort unten, die Flugzeuge. Es müsste doch mit dem Teufel zugehen, wenn wir nicht ein unversehrtes Scharnier finden!"

Wir schwärmten aus, während die drei Eisheiligen wieder dem Tower zustrebten. Eine halbe Stunde lang durchsuchten wir die Wracks der fünf oder sechs Flugzeuge und konnten keine einzige Schraube, geschweige denn ein Scharnier darin finden. Enttäuscht machten wir uns wieder mit unseren Schweizermessern davon und versammelten uns vor unserem Flugzeug.

„Wisst ihr was?", sagte auf einmal einer aus der Gruppe. „Wir verkleben die Tür mit einem unserer breiten Klebestreifen und steigen dann durch die Tür des Cockpits ein."

„Und von innen sichern wir die Tür mit einem Kletterseil!", setzte ich hinzu. Zwei von uns machten sich umgehend auf den Weg, den Klebestreifen und das Seil aus der Lodge zu holen, während sich der Rest von uns zum Tower begab. Dort unterbreitete ich dem Captain meinen Lösungsvorschlag. Doch hatte ich nicht mit seiner geradezu Nestroy'schen Beamtenmentalität gerechnet.

„Das ist nicht möglich", sagte er. „Denn eine solche schwierige Reparatur darf nur ein lizenzierter Fachmann durchführen." (Das gebrochene Scharnier hatte auf jedem seiner zwei Flügel jeweils drei Kreuzschrauben. Ein schwer zurückgebliebener Zehnjähriger hätte diese Reparatur durchführen können.)

„Und wann kommt ein solcher?", fragte ich.

„Der müsste mit dem Hubschrauber aus Kathmandu kommen. In den nächsten Tagen!"

Von nun an ging auf einmal alles sehr schnell. Denn Herr X, der Kölnisch-Wasser-Entwender und Gipfelbild-Kopfabschneider (er war nicht sehr großgewachsen), drängte sich plötzlich mithilfe seiner Ellenbogen durch unsere Reihen nach vorn und baute sich vor dem Captain auf.

„Kennen Sie Herrn …?" Er nannte einen asiatischen Namen. Der Captain starrte ihn verständnislos an, und Herr X half seinen grauen Zellen auf die Sprünge: „Der Chef von …" und nannte eine Weltvereinigung von Fluglinien. Der Captain starrte ihn an. Herr X starrte zurück. „Wenn Sie uns nicht umgehend und sofort von hier wegbringen, dann können Sie Ihre Karriere beim Reinigungspersonal in der Flughafentoilette von Kathmandu beschließen!"

Der Captain war wie ausgewechselt. Fast demütig gab er seine Zustimmung zum Verkleben der Flugzeugtür. Dann kletterte ich über das Cockpit in den Fahrgastraum und spannte die Tür mittels eines Zugknotens, den ich in das Kletterseil machte, in den Rahmen. So, es konnte losgehen.

Und während ich noch sinnierte, über welch dunkle Kanäle unser Kölnisch-Wasser-Entwender den allerhöchsten Chef dieser Weltvereinigung kennen mochte, war meine Gruppe mithilfe der Sherpas schon fleißig dabei, unser Gepäck heranzuschaffen. Doch noch einmal widersetzte sich der Pilot unseren Wünschen, ein letztes Mal erfolgreich: „Sie müssen das Gepäck hierlassen", sagte er, „denn sonst sind wir zu schwer. Nur die allernötigsten Kleidungsstücke, die Sie am Körper tragen, und die Waschutensilien, die können Sie mitnehmen!"

„Wir werden Ihnen den Rest des Gepäcks nachschicken", versprach der Oberkapo.

„Umgehend. Mit einem der nächsten Flugzeuge!" (Wir sollten unsere Ausrüstung nie wieder sehen.)

Zweifelsfrei handelte es sich beim folgenden Start des Flugzeugs um den spannendsten in meinem Leben. Und das wird wohl so bleiben. Links und rechts der Rollbahn hatten sich sämtliche Touristen aufgestellt (es mussten inzwischen an die sechshundert sein), während der Captain und sein Co das Flugzeug in Startposition brachten. Die Schnauze wies nach unten. Die Piloten ließen die Motoren zur höchsten Umdrehungszahl aufheulen und lösten dann die Bremsen. Das Flugzeug raste und schleuderte und schaukelte über die butterweiche Rollbahn tiefer, während links und rechts die Touristenmenge klatschte und johlte. Die Mitglieder meiner Gruppe hatten sich angeschnallt, den Kopf auf die Arme gelegt und die Augen geschlossen, wie man es bei den Sicherheitshinweisen immer lernt, aber ich sah für mich selbst keine Veranlassung mehr dazu. Ich stand hinter dem Captain und sah, wie der Schweiß in Strömen von seinem Hinterkopf lief und sein Hemd verfärbte. Das Flugzeug schleuderte, bevor wir abhoben, wollte es noch seitlich ausbrechen, aber die Piloten hatten es im Griff und wir waren in der Luft! Sie richteten die Schnauze des Geräts wieder zur Flugrichtung. Im Fahrgastraum war es totenstill. Nicht einmal „Die Mission ist erfüllt!" war zu hören. Und es blieb totenstill bis zur Landung. Als das Flugzeug auf dem Inlandsflughafen ausgerollt war, blieben wir alle noch eine oder zwei Minuten sitzen. Dann drehte der Captain langsam den Kopf und blickte mich lange an. Es lag in seinen Augen ein brüderlicher Ausdruck, etwas, das im Empfinden ähnlich sein mochte wie dasjenige von Flugzeugentführern und Geiseln, nachdem sie gerade eine gemeinsame Bruchlandung überlebt haben. Ich werde diesen Blick nie mehr vergessen. Er trug dazu bei, dieses Land in den folgenden Jahrzehnten wieder und wieder zu bereisen.

Es war elf Uhr. Von der Ankunftshalle konnten wir hinter einer hohen Mauer die Heckflossen unserer Thai-Maschine sehen und die Triebwerke laufen hören. Sie war knapp vor dem Start. Wir eilten im Laufschritt zur Abflughalle des Internationalen Flughafens.

Herr X steuerte, gemeinsam mit mir, eine Gruppe von Thai-Bediensteten an. Einer davon trug ein Funkgerät. Es musste der Stationsmanager sein. Herr X wechselte einige hastige Worte mit ihm, wieder verstand ich den gleichen Namen und die gleiche Vereinigung wie schon in Lukla.

Der Stationsmanager sprach aufgeregt in sein Funkgerät. Wenige Minuten später hörte man, wie die Triebwerke der Thai-Maschine gedrosselt wurden.

Ein allerletztes Riesenproblem war, dass wir keine Pässe dabei hatten. Denn in Nepal ist es üblich, am Beginn der Tour die Pässe im Büro der Expeditionsagentur in Kathmandu zu lassen, weil man sie ja zur Bergbesteigung nicht braucht, und stattdessen eine Besteigungsgenehmigung mit Namen mitführt.

Wie aber kamen wir nun möglichst schnell zu unseren Pässen? Ich wollte mir ein Taxi nehmen und in die Stadt rasen, aber der Stationsmanager wies mich darauf hin, dass gerade der König samt Gefolge von einem Staatsbesuch zurückgekehrt war.

„Und was hat das mit uns zu tun?", fragte ich.

„Nun ja, die Straßen zwischen dem Flughafen und dem Königspalast im Zentrum sind gesperrt. Wegen der Parade!"

Auch das noch. Es blieb uns wirklich nichts erspart. Rat suchend blickte ich in die Runde, während ich draußen die Triebwerke der Thai-Maschine laufen hörte.

„Wie lange werden die Straßen gesperrt sein?"

„Nicht mehr lange, Sir. Vielleicht zwei oder drei Stunden."

Aus. Es war vorbei. Der einzige Weiterflug der ganzen Woche würde ohne uns abheben.

„Kann man telefonieren?"

„Wir haben normalerweise ein Telefon, Sir." Er wies mit dem Kinn zu einer Säule, an der ein schwarzes Telefon aus Bakelit hing. „Aber leider, Sir, es ist seit einigen Tagen außer Betrieb!"

Ich ließ meinen Blick Rat suchend durch die Halle schweifen. An der Stirnwand hing ein Ölbild des Königs samt Familie. Ich beschloss, dass ich kein Monarchist war (niemand konnte damals ahnen, dass der arme Birendra samt Großfamilie fünfundzwanzig Jahre später bei einem konzertierten Attentat sein Leben lassen würde).

„Und das Telefon funktioniert wirklich nicht?"

„Nein, Sir. Leider, Sir."

Bedauernd blickte ich noch einmal zum Telefon. Da kam mir eine Idee. Neben dem Telefon stand schon die ganze Zeit ein etwa fünfzehnjähriger Nepalese und beobachtete uns. Er hatte ein sympathisches, offenes Gesicht und lächelte mir nun zu.

„Willst du dir hundert Dollar verdienen?", sagte ich zu ihm.

„Aber gern, Sir."

„Hast du ein Motorrad?"

„Nein, Sir. Das kann ich mir nicht leisten."

„Auch kein Fahrrad?"

„Nein, Sir. Aber ich könnte mir eines ausleihen."

Ich kritzelte die Adresse des Stadtbüros unserer Expeditionsagentur auf einen Zettel. Dann übergab ich ihm fünfzig Dollar: „Nur die Pässe. So schnell wie möglich. Und wenn du zurückkommst, erhältst du die anderen fünfzig!"

„Aber ja, Sir. Gern, Sir!"

Ich sah ihn davonlaufen und wieder begann eine quälende Zeit des Wartens, in der wir die immer noch laufenden Triebwerke unserer wartenden Maschine hörten.

Nach einer Stunde war der Junge wieder da und trug in einem Plastiksäckchen unsere Pässe. Am liebsten wäre ich ihm um den Hals gefallen.

Wir eilten im Laufschritt unter Begleitung der Thai-Bediensteten zum Zoll. Aufgeregt sprach der Stationsmanager in sein Funkgerät. Die Papiere meiner Gruppe waren bald abgestempelt, als ich, als Letzter, aufgehalten wurde.

„Was ist denn jetzt schon wieder?"

Der Zollbeamte wies mit dem Finger auf einen handgeschriebenen Eintrag in meinem Pass. *One Walkman With Him*, stand da. Mein Gott, darauf hatte ich ganz vergessen. Ich hatte den Walkman beim Rückmarsch vom Berg der Frau eines bekannten Bergsteigers geliehen, die gerade zu einem hohen Berg aufbrachen. Und nun hatte ich ihn nicht dabei, um ihn wieder auszuführen. Ich versuchte mit Händen und Füßen dem Zollbeamten zu erklären, dass es sich hier nicht um eine groß angelegte Schmuggelaktion handele, sondern um ein Missverständnis, aber er verstand kein Englisch und verweigerte mir den Ausreisestempel. Durch die verdreckten Scheiben des Flughafens sah ich schon meine Gruppe die Gangway hinaufsteigen und mich alleine zurücklassen, da ergriff einer der Thai-Bediensteten in einem günstigen Augenblick einfach den Stempel des Zollbeamten, drückte ihn in meinen Pass, und sie nahmen mich an beiden Seiten und rannten mit mir auf das Rollfeld, während uns schreiend und protestierend der Zollbeamte nachlief. Aber ich hatte die Gangway schon erreicht, fand gerade noch die Zeit, mich bei meinen Rettern zu bedanken, und wurde schon vom Bordpersonal in Empfang genommen und zum Sitz geleitet. Das Flugzeug war, mit Ausnahme unserer freien Sitze, voll besetzt mit Amerikanerinnen reiferen Alters. Sie hatten tapfer und ohne Protest stundenlang wegen uns ausharren müssen. Das Flugzeug hob endlich ab, nach Erreichen der Reiseflughöhe servierten die Stewardessen gerade das Essen, als uns der Captain über den Bordlautsprecher als Himalayabergsteiger vorstellte. Da rührte keine der Amerikanerinnen, die neben uns saßen, ihr Essen an. Sie warteten, bis wir unsere Portionen aufgegessen hatten, und schoben uns dann die ihren unter mitleidigen Blicken herüber. Nie mehr in meinem Leben sind mir ältere Damen mit blauen Haaren, strassbeklebten Brillen und grünen Lippen so sympathisch gewesen.

In Bangkok wurden wir von einem Bus abgeholt und ins reservierte Hotel gebracht. Es war das Hotel *Oriental*, das in diesen Jahren gerade zum wiederholten Male zum besten Hotel der Welt gekürt worden war.

Wir betraten die Halle, in deren Mitte ein etwa dreißig Meter hoher Wasserfall herunterfiel und goldbetresste Bedienstete die Messinggeländer der Treppenaufgänge polierten, und näherten uns im Gänsemarsch der riesigen Rezeption. Die meisten von uns trugen noch ihre grauen, lodenen Knickerbocker, karierte Hemden und unförmige Expeditionsschuhe aus Plastik. In den Händen hielten wir durchsichtige Plastiksäckchen, darin gut sichtbar die Zahnbürsten und Waschutensilien, das einzige Gepäck, das mitzunehmen uns erlaubt gewesen war. So standen wir also, im besten Hotel der Welt, eine müde, stoppelbärtige Karawane, und zeigten unsere Pässe. Der Chefrezeptionist hüstelte.

„Entschuldigen Sie, Sir, woher kommen Sie?"

Wenn ich behauptet hätte, dass ich Amundsen sei und der neben mir stehende Herr X mein Begleiter Hansen und der Rest meiner Gruppe meine Schlittenhunde wären und wir gerade vom Nordpol oder Südpol kämen, hätten die Rezeptionisten auch nicht verwunderter geblickt. So aber sagte ich ganz einfach: „Aus dem Himalaya."

„Aus dem Himalaya", wiederholte der Empfangschef.

„So ist es!"

„Sehr wohl, Sir!"

Und während die Rezeptionisten uns alle für einige Sekunden ungläubig anstarrten, hörte ich aus der Warteschlange hinter mir halblaut die Worte: „Meine Mission ist erfüllt!"

Ja, dachte ich mir. Die meine auch.

MANGALE

Die schönsten Zeiten mit Mangale waren, wenn wir um das Herdfeuer einer Hütte saßen, sich nach und nach die einheimischen Träger und Sherpas dazugesellten und er, der Sirdar, zu erzählen begann. Dann wurde es im Kreis sehr ruhig, und nur gelegentlich, wenn er sein für ihn typisches Räuspern einlegte, zündete sich der eine oder andere eine Zigarette an oder schenkte sich aus dem Krug nach.

Mangale zu beschreiben, gelingt mir am besten, indem ich eine Comicfigur aus meiner Kindheit verwende. Ich habe eine solche Figur als Miniaturpuppe besessen und musste im Fasching, beim Kindermaskenumzug, selbst solcherart maskiert gehen, wahrscheinlich, weil es für Mutter am einfachsten war, mich so zu verkleiden: als Mecki mit seiner Igelfrisur und den großen Geheimratsecken. Eine solche Maske war in jedem Geschäft billig zu erstehen, dazu ein rupfener Sack mit ausgeschnittenen Ärmeln, und der Auftritt war perfekt. Später, schon etwas größer, hab ich dann als „Neger gehen" müssen, mit einem Bastrock und einer schwarzen Pudelmütze, das war ebenso einfach, denn schwarze Schminke ist schnell aufgetragen. Entsprechend missgelaunt sehe ich auf diesen Bildern aus, wenn ich heute im Familienalbum blättere, aber das ist eine ganz andere Geschichte.

Mangale Sherpa jedenfalls hatte etwas vom Gesicht dieses Mecki, die stachelige Frisur, die Geheimratsecken, die dreieckigen Augen, die immerzu treuherzig blickten, die leicht nach oben gebogenen Mundwinkel, die ihm etwas Heiteres, Niedliches verliehen. Allerdings waren seine Lippen immer geschwollen und von Fieberblasen übersät, große, gelbe Fisteln und Flecken, und seine Unterlippe in der Mitte durch einen Hauteinriss geteilt, der mich allein durch das Hinsehen schon schmerzte. Ich brauchte Jahre, um daraufzukommen, dass die Fieberblasen immer dann besonders groß waren, wenn Mangale mit einer Gruppe unterwegs war, sie mussten durch Stress und seelischen Druck entstanden sein. Erst als ich ihm eine ganze Kurpackung Zovirax (als Salbe und in Tablettenform) mitgebracht hatte, ausreichend für drei oder vier Monate, gelang es mir, ihm zu helfen.

Damals schon fiel mir auf, dass die Sirdars häufig unter Fieberblasen litten und dass Sherpas, die von einer Expedition auf einen hohen Berg zurückkamen, wie die Schlote rauchten und wie die Bürstenbinder soffen, während andere, normale Trekking-Sherpas, kaum oder gar nicht rauchten. Es wird wohl auf die Belastungen zurückzuführen sein, die die Climbing Sherpas mit den ihnen Anvertrauten haben.

Eine der Stärken Mangales war, neben seinem Organisationstalent, zweifelsfrei sein Hang zur Komik und sein Talent, andere zu imitieren. Dazu gab es genügend Gelegenheiten, denn Mangale war ein vielbeschäftigter Mann. In der Frühjahrs- und Herbstsaison war er meistens mit mir und meiner Gruppe unterwegs, aber auch mit deutschen Gruppen. Im Sommer, während der Regenzeit, verdingte er sich für indische Agenturen und führte in Ladakh, wo der Monsun nicht hinkommt, weil er sich an der Südabdachung des Himalaya bricht. Im Winter führte er Japaner oder Inder und in manchen Sommern amerikanische Geologen im Annapurnagebiet oder im Dolpo oder Mustang. Daher konnte er auf einen reichen Fundus zurückgreifen, wenn er verschiedenste Nationen auf ihrem Weg durch die Berge imitierte. Sherpas sind ja im Allgemeinen

sehr zurückhaltend, was Äußerungen über Touristen anderen Touristen gegenüber betrifft. Aber weil mich mit Mangale
ein jahrelanges freundschaftliches Verhältnis verband, ließ er
mich eines Abends an seinem Talent teilhaben.

„Seepp", sagte er mit tiefer Stimme.

Jooo", entgegnete er sich selbst.

„Pipipause."

„Jooo."

Mangale ging hinter einen Baum, mimte das Öffnen der
Hosentür, und sein Gesicht nahm einen sinnenden Ausdruck
an, während er „psch …, psch…, psch" flüsterte.

Das war die bayrische Gruppe. Oder:

„Oh look, honey", sagte er mit heller Stimme, und sein
Blick nahm einen weltfernen, begeisterten Ausdruck an. Er
blickte dorthin, wo hinter einem Rücken der Dhaulagiri und
die ihn umgebenden Siebentausender stehen mussten.

Nun mimte er das Gegenüber der Amerikanerin, indem er
einen Schritt zur Seite trat, und mit tiefer Stimme „yes, my
dear?" erwiderte.

„Isn't that gorgeous?"

„Oh, it's marvellous, honey."

So bekamen die Amerikaner ihr Fett ab. Die eher kollektive
Erscheinungsform einer japanischen Gruppe imitierte er, indem er von einem zum anderen sprang und dazu in schneller
Folge japanische Entzückensbemerkungen von sich gab. Sherpas erlernen die japanische Sprache ja relativ leicht. Wir lachten uns bei dieser Darstellung schief.

Damals gab es im Solo Khumbu, der Heimat der Sherpas,
noch keinen Fernseher, und natürlich auch keine Tageszei-
tung. Das mochte mit ein Grund dafür sein, warum die Sherpas ein dermaßen gutes Gedächtnis haben: weil sie durch

nichts abgelenkt sind. Ich war oft bass erstaunt, wenn mich jemand nach zehn Jahren Abwesenheit sofort wieder erkannte und sich minutiös an jedes Wort unseres damaligen Gesprächs erinnerte.

Unsere letzte gemeinsame Tour führte im Frühjahr 2001 zum Tilicho Peak. Der Tilicho Peak ist ein Teil der Annapurnagruppe und ragt unmittelbar hinter dem Tilicho Lake etwa siebentausendzweihundert Meter in den tintenblauen Himalayahimmel hinein. Dabei ist Tilicho Lake eigentlich ein Pleonasmus, denn etymologisch stammt der Name aus dem Thakali: dili heißt entfernt, entlegen, und Tsho heißt See. Also bedeutet Tilicho entlegener See. Man sagt, es sei der höchste See der Welt.

Wir schlugen das Basislager an seinem östlichen Ufer auf. Es hatte in den Tagen vorher über einen Meter Neuschnee gegeben. Die konkav angeordneten Siebentausender wirkten in ihrem gnadenlosen Weiß wie ein Brennglas. Niemals wieder habe ich erlebt, dass man unter der Strahlung der Sonne dermaßen leiden kann, wie wir es damals taten. Manche von uns versuchten, sich gleich zwei Gletscherbrillen übereinander aufzusetzen und zusätzlich noch jede einzelne Ritze gegen den seitlichen Strahleneintritt mit Klebebändern abzudichten.

Umsonst, abends im Esszelt sitzend, mussten wir aneinander rot geränderte Augen feststellen. So ging es mit meinen Vorräten an Augensalbe und Tropfen ziemlich schnell zur Neige.

Am ersten Tag nach der Ankunft im Basislager wurde die rituelle Zeremonie für einen glücklichen Ausgang der Expedition vorgenommen: Ein kleiner, freier Platz unweit des Lagers wurde frei geschaufelt und ein Altar aus Steinplatten gebaut. Dann sammelten die Sherpas auf großen Tabletts alle notwendigen Ingredienzen für die Feier: Schokolade, Kek-

se, Bonbons, Tschang, Rakhsi, Bier, Whisky, Zigaretten, Reiskörner, während andere Küchenjungen inzwischen tibetische
Gebetsfahnen vom Flaggenmast in der Mitte des Altars nach
allen vier Windrichtungen spannten. Diese Gebetsfahnen haben fünf Farben und sind mit Gebeten bedruckt, auf dass sie
der Bergwind in alle Richtungen und zu den Göttern trägt. Sie
sollen dem gesamten Universum und allem Leben Schutz und
Segen bringen. Die Farben stehen für die fünf Elemente, wie
man sie im Tibetischen versteht: Blau repräsentiert das Element Wasser, Weiß das Element Raum, Rot das Element Feuer, Grün das Element Luft und Gelb das Element Erde.

Fast konnte man die Zusammensetzung unserer Expedition als international bezeichnen: Während Reinhard, Maria
und ich aus dem Innsbrucker Stadtteil Kranebitten stammten,
war Hannes ein Ur-Höttinger (was seine etwas seltsamen Regeln beim Kartenspiel und sein Eigensinn später bewiesen),
und die Sherpas und Küchenjungen waren ethnisch über das
ganze Land verteilt: Mangale war Sherpa (und Sirdar), dann
kam Ang Phuri als Climbing Sherpa (Climbing Sherpa tragen Lasten erst ab dem Basislager), Salami Dawa war ebenfalls Climbing Sherpas, hatte aber die Gesichtszüge und den
dunklen Teint eines *Bihari* (vielleicht hatte einer seiner Ahnen als durchwandernder Schneider oder Schmied einmal in
einer Sherpahütte übernachtet). Übrigens hieß Salami Dawa
deshalb so, weil er eben Salami gern mochte und man ihn so
von Camera Dawa unterscheiden konnte, der auch ein Sherpa war und deshalb so hieß, weil er Maria an der Kamera assistierte. Dann war noch Kalden Sherpa, nun aber schon gefolgt von Bupat Rai, unserem Chefkoch, eben ein *Rai*, Thiren
Sherpa, der Küchenjunge, Lalji Gurung, ein *Gurung*, Lal Ba-
hadur und Ram Shresta, ebenso Küchenjungen. Camera Da-

wa übernahm die Rolle des Lama. Wahrscheinlich war er kein ordinierter Lama, aber würdig und religiös und geübt im Umgang mit den Ritualen. Sherpas sind ja keine Dogmatiker, deshalb ist ihnen auch jeder Fanatismus und jede Engstirnigkeit fremd. Dawa ist nicht nur mit der Ausstattung eines intelligenten Menschen gesegnet, sondern auch mit den Instinkten und der Orientierungsfähigkeit eines Hundes, was sich einige Jahre später, beim Auffinden eines vom Verfolgungswahn befallenen Sherpas meiner Gruppe, sehr bewähren sollte. Aber das ist eine andere Geschichte.

Bemerkenswert an Camera Dawa war auch der Umstand, dass er sich beharrlich weigerte, auch nur ein Wort Englisch zu sprechen oder zu lernen, aber, mit den Fähigkeiten eines aufmerksamen Menschen ausgestattet, trotzdem immer das Richtige zu tun.

In den Tagen vorher, beim Anmarsch über den Mesokantu-Pass, hatte man immer wieder vereinzelte Sherpas und Küchenjungen an den Hängen neben dem Anstiegsweg in gebückter Haltung gesehen, sie sammelten Wacholderstauden und Heilgräser in kleinen Plastiksäcken, um sie beim Opferfeuer zu verwenden.

Der Altar war nun also aufgebaut und die Gebetsfahnen verspannt. Es war ein eindrucksvolles Bild, als sie sich nach allen vier Himmelsrichtungen in einem Radius von etwa zwanzig Metern in der leichten Morgenbrise bewegten. Lange Gebete und Segnungen folgten, während denen Camera Dawa immer wieder die Entität des Universums beschwor, indem er abwechselnd Reiskörner in die Luft warf und Rakhsi, Bier, Whisky und Tschang versprühte. Der Rauch des Opferfeuers stieg fast senkrecht vom Altar in den Himmel, und es duftete nach einem Gemisch aus Gebirgskräutern und Wacholderholz. Am Ende mussten wir, die wir reihum standen, das Ritual nachmachen. Jeder hielt eine Handvoll Reis, eine Schale mit Rakhsi und auch Bier und Whisky, und das opferten wir nun den Göttern und auch uns, indem wir zuerst die Gaben weit in die Luft warfen, dazwischen aber immer wieder von den Süßigkeiten naschen und mit Alkohol hinunterspülen durften.

Als Camera Dawa seine Riten beendigt hatte, gingen wir wieder zur Tagesordnung über. Mangale gab seine Anweisungen, und die Köche und Küchenjungen werkten eifrig unter ihrer Plastikplane, während wir Bergsteiger unsere Zelte häuslich einrichteten. Rasch war die Sonne hinter den Weiten von Mustang untergegangen, und es wurde empfindlich kalt. So verschwanden wir einer nach dem anderen in den Zelten, um die Zeit bis zum Abendessen abzuwarten. Während ich mir mit Maria ein Zelt teilte, tat dies Hannes mit Reinhard, und so flogen die üblichen Witze und Scherzworte hin und her, bis wir auf einmal ein seltsam kratzendes, reißendes Geräusch hörten. Wir wurden sofort still und hörten angestrengt hin. Das Geräusch wiederholte sich noch einige Male und war dann verstummt. Wir öffneten die Reißverschlüsse und mussten entdecken, dass die große Schachtel mit Parmesan, die Hannes unter dem Vorzelt verstaut hatte, aufgebrochen war und der Käse fehlte. Augenblicklich gab es ein großes Hallo, und Mangale untersuchte zusammen mit uns die Spur, die von unserem Lager weg bis zu den großen Felsblöcken oberhalb des Sees führte. Es waren zweifelsfrei die Tatzenabdrücke eines größeren Raubtiers. „Ein Schneeleopard!", stellte Mangale lakonisch fest. Auch wenn wir den Parmesan vermissten, waren wir nicht wenig stolz, die Ehre des Besuches eines Schneeleoparden gehabt zu haben, denn diese Tiere gehören zu den scheuesten des gesamten Himalaya.

Wenige Jahre vorher hatte der Schriftsteller Peter Matthiessen zusammen mit dem weltbekannten Wildbiologen George Schaller eine Expedition in die Gegend westlich von uns unternommen und trotz ihres professionellen Verhaltens in drei Monaten nur einmal die Spur eines Schneeleoparden sichten können. Aus dieser Fahrt war das Buch „Auf der Spur des Schneeleoparden" entstanden und ein Weltbestseller geworden.

Wir waren uns also unseres Logenplatzes und der Ehre des Parmesandiebstahls durchaus bewusst und staunten nicht schlecht, als sich der Vorgang am nächsten Abend wiederholte. Es war noch nicht dunkel, als wir wieder ein Kratzen und Knistern direkt neben unseren Köpfen hörten, und als wir endlich die Reißverschlüsse geöffnet hatten, fehlte eine große Tafel Schokolade aus einem Karton.

Am nächsten Abend war es schon dunkel, als wir wieder die bekannten Geräusche vernahmen. Mangale und Maria verfolgten die Spur mithilfe von Stirnlampen, kehrten aber bald zurück und beschlossen für den nächsten Abend, dem Schneeleoparden aufzulauern und ihn zu fotografieren. Während also wir Bergsteiger uns zusammen auf den Weg machten, um bei tiefem Schnee zum ersten Hochlager zu spuren und die dahinführenden Seillängen zu versichern, bastelte Maria mithilfe von Mangale und den Küchenjungen eifrig an einer Fotofalle, in die der Schneeleopard tappen sollte. Ein verlockendes Stück Fleisch wurde an einer langen Stange befestigt, ein getarnter Unterstand im Esszelt geschaffen und die Kamera schussfertig gemacht. Maria wollte die ganze folgende Nacht ausharren, um eine der seltenen Aufnahmen in freier Wildbahn, die es auf der Welt von Schneeleoparden gibt, zu schießen. Ich lieh ihr dafür meinen Sturmanzug, damit sie die Kälte besser ertragen könnte, aber das Warten sollte sich als umsonst erweisen. Sie hatte nur seine Augen gesehen, zwei glühende Lichter, die in einiger Entfernung zu unserer kleinen Zeltstadt unbeweglich im Dunkel verharrten, aber nicht näher kamen.

In den folgenden Tagen errichteten wir am Berg Lager eins und zwei, letzteres auf sechstausendvierhundert Metern Höhe, die Zelte fest gegen Stürme am Boden verankert, die steilen Passagen zwischen den Lagern mit fixen Seilen versehen.

Der Tag des Gipfelganges rückte näher, und wir verbrachten noch zwei Rasttage im Basislager. Der Schneeleopard ließ sich nie mehr blicken. Schließlich brachen wir zu sechst auf. Mangale, Ang Phuri und Salami Dawa waren die Climbing Sherpas, Hannes, Reinhard und ich die *members*. Ich fühlte mich an diesem Tag nicht sehr wohl, litt unter einer leichten Bronchitis und einem Ziehen in der Brust. Also kehrte ich knapp unterhalb von Lager eins um, und Maria und ich beobachteten von unserem Zelt in den folgenden zwei Tagen, wie unsere Mannschaft zum Gipfel stieg und wieder erfolgreich und glücklich bei uns im Lager eintraf. Wir brachen das Lager ab und erreichten am nächsten Abend nach nur einem Tag Gewaltmarsch Jomosom im Kali-Gandaki-Tal. Hier, nicht weit vom Flughafen entfernt, feierten wir gemeinsam unseren letzten Abend, verteilten Geschenke und Trinkgelder an unsere Gruppe und gingen noch einmal die Abrechnungen durch.

Ich hatte Mangale in Dankbarkeit für seine Leistungen meinen neuwertigen Sturmanzug geschenkt und ein großzügiges Trinkgeld, doch die Abrechnungen schienen zu Tage zu bringen, dass noch immer ein größerer Betrag seiner Nachzahlung harrte. Ich war zwar völlig überrascht, im Glauben, alles schon lange bezahlt zu haben, aber dermaßen gründlich rechnete Mangale die Tabellen auf und ab, beteuerte, dass wir so viel mehr Tragtiere für den Anmarsch gebraucht hätten und die Bauern in dieser Gegend besonders geldgierig seien, und blickte mich dermaßen treuherzig mit seinen Mecki-Augen an, dass ich seufzend bezahlte. Es waren zwei Jahresgehälter eines nepalesischen Lehrers.

Im darauffolgenden Herbst war ich wieder im Himalaya unterwegs. Der Große Tendy, mein Agenturchef in Kathmandu, berichtete, dass Mangale in Amerika untergetaucht sei. Amerikanische Geologen, mit denen er während des Sommers im Dolpo oder in Mustang unterwegs gewesen war, hatten ihn danach zu sich nach Hause eingeladen. Nach Ablauf des Visums sei er untergetaucht.

Nun wusste ich, wofür Mangale die Überlinge bei der Abrechnung gebraucht hatte, und auch meinen Sturmanzug sollte ich in den nächsten Wochen wiedersehen, allerdings von jemand anderem getragen. Der Große Tendy, mit einem solchen Feingefühl ausgestattet, wie es eben den Sherpas zu eigen ist, tröstete mich, indem er erzählte, dass auch er seinem alten Freund aufgesessen sei. Er habe ihm vor der Abreise nach Amerika den Auftrag gegeben, eine Steinmauer um sein Haus zu bauen und sie einen Meter tief im Boden zu vergraben. Die Mauer war schließlich fertig, und Tendy fragte ihn, Mangale, ob er sie auch wirklich einen Meter tief in der Erde verankert habe. „Freilich", habe Mangale treuherzig versichert, und seinen Lohn dafür bekommen. Beim nächsten Monsunregen im folgenden Sommer war die gesamte Mauer eingestürzt, weil Mangale die Steine nur auf die Wiese gelegt und aufgeschichtet hatte.

Ein Jahr später war ich wieder mit der gleichen Sherpatruppe unterwegs. Ich hatte in den Weihnachtstagen zuvor eine Karte aus New York mit Grüßen von Mangale erhalten, ohne weitere Angaben, und wohlweislich ohne Absender.

Am ersten Abend unseres Unterwegsseins saßen wir wieder mit Einheimischen in einer Hütte um ein Feuer, wie früher mit Mangale. Nur diesmal wollte keine rechte Unterhaltung aufkommen. Schließlich fragte ich in die Runde, ob einer wüsste, was eigentlich Mangale arbeite, dort in New York. Keiner wusste es.

„Weißt du es?", fragten sie mich. Ich erinnerte mich an Mangale als stolzen Sirdar, der mir, immer wenn wir auf einem Gipfel gesessen waren, aufrechten Hauptes erklärt hatte, dass dies „ihre" Berge, ihre Heimat sei: „aurr maunttäns" und „aurr madderländ". Wie alles immer um ihn ruhig geworden war, wenn er am Lagerfeuer zu erzählen begann. Dann stellte ich mir vor, wie er nun, als einer von Millionen Schwarzarbeitern, zusammen mit Chinesen und Schwarzafrikanern und Mexikanern in einem Kellerloch hausen würde, in ständiger Angst vor der Polizei, und im Hinterzimmer eines schmuddeligen Restaurants Geschirr spülte.

Ich erinnerte mich an Mangales Talent, einen Yak aufzuzäumen, mit dem richtigen Zugknoten mithilfe nur einer Hand und nur einer Bewegung die Last festzuzurren; auf fünf- oder sechstausend Metern Höhe bei Windgeschwindigkeiten von über hundert Stundenkilometern und Minusgraden eine kleine Zeltstadt aus dem Boden wachsen zu lassen, immer die Nerven zu bewahren, alle Lasten gerecht zu verteilen und eine Gruppe von fünfzig, sechzig Trägern, Küchenjungen, Köchen, Climbing Sherpas zu führen. Keine dieser Fähigkeiten würde er in New York wohl brauchen können.

„Geschirrspüler", sagte ich schließlich. „Geschirrspüler. Was will er sonst in New York machen, allein und ohne Arbeitsgenehmigung?"

Alle um mich herum schwiegen bestürzt. Chicken Lama, einer meiner Küchenjungen und dazu der kleinste von allen, stocherte mit einem Ast im Feuer, zündete sich schließlich daran eine Shikar an.

„Dedschi diver", sagte er schließlich und lachte. „Dedschi diver", wiederholten die anderen und lachten.

Das Nepalesische ist ein Sammelsurium von Lehnwörtern. *Dedschi* ist nepalesisch und bezeichnet den Blechteller, von dem man in der Regel das Dhal Bat isst. *Diver* ist englisch und heißt Taucher. *Dedschi diver* ist also der Tellertaucher. Also der Abwäscher.

Nun wiederholte auch ich den Ausdruck. Da brach plötzlich ein Sturm des Gelächters los, wir lachten und lachten und wiederholten *dedschi diver, dedschi diver, dedschi diver*.

Wie jemand, der am Grab eines Freundes steht und vor lauter Trauer einen Lachanfall erleidet, weil er gar nicht anders kann, gerade in einer solchen Groteske lachten wir und lachten und lachten und konnten nicht mehr aufhören.

SUNDARE

Wir saßen im Küchenzelt des Basislagers am Putha Hiunchu-li. Mit uns war mein alter Freund Helge, dieses Mal fest entschlossen, einen siebentausendzweihundert Meter hohen Berg, eben den Putha Hiunchuli, zu besteigen. Bei der Ankunft am Tag vorher hatte ich feststellen müssen, dass meine letzten Zigaretten völlig durchnässt waren, und ich hatte sie sorgfältig in der Nachmittagssonne getrocknet. Nun hatten sie eine braune, unansehnliche Farbe angenommen. Ich war bereit, sie brüderlich mit Salami Dawa zu teilen, und bot ihm die erste an. Er nahm sie, drehte sie für eine Weile nachdenklich in den Fingern und entzündete sie. Wir taten die ersten tiefen Züge. Der Geschmack war grauenhaft. Nicht umsonst hießen sie ja auch Yak.

Auch mit Sundare habe er einmal eine solche Zigarette geraucht, sagte Dawa.

„Du hast ihn gut gekannt?"

„Ja", sagte Dawa.

„Wie lange ist das her, als er von der Brücke sprang? Zehn Jahre, fünfzehn?"

„Länger", sagte Dawa. Er tat einen tiefen Zug, denn wir befanden uns hier auf genau fünftausend Metern Höhe, und die Zigaretten drohten wegen des Sauerstoffmangels alle Augenblicke zu verlöschen.

„Zwanzig", sagte Dawa dann, stieß den Rauch in die Luft und sah ihm versonnen nach.

„Er war ein guter Mensch. Stets bereit, anderen zu helfen."

„Wie hast du ihn kennengelernt?"

„In einem Metzgerladen in Naxal. Er hatte gerade einen Schlaganfall hinter sich und konnte die linke Seite kaum bewegen. Ich sagte zu ihm: ‚Du musst Sundare Sherpa sein‘, aber er kannte mich nicht. Doch er öffnete seine Windjacke und zeigte mir den Orden des Königs, den er immer bei sich trug. Dieser Orden war sein ganzer Stolz. Dann fragte ich ihn, ob ich ihn zu einem Tee oder Kaffee einladen könnte. Aber er antwortete: ‚Ich habe schon zwei Gläser Rakhsi intus.‘ Da habe ich für ihn noch einen halben Liter Rakhsi gekauft. Nachdem er den Rakhsi ganz allein getrunken hatte, fragte er mich, ob ich ein Trekking über den Thorong La leiten wolle. Ich war auf der Suche nach Arbeit und antwortete deshalb hocherfreut: ‚Aber gern!‘ Sundare sagte: ‚Dann lass uns zum Büro der Nepal Mountaineering Association (NMA) gehen.‘ Wie du dich erinnerst, Rudi Sir, war die NMA damals am Eingang nach Thamel. Wir gingen also hin und ins Büro des Direktors. Der sprang von seinem Stuhl auf, als er Sundare sah, und salutierte vor ihm. Dann sagte Sundare und wies mit dem Kinn zu mir: ‚Das ist Dawa. Er ist mein Freund. Übermorgen soll er mit einer Gruppe von sieben Personen zum Thorong La gehen.‘ Der Direktor stand stramm und sagte: ‚Selbstverständlich, Sundare Sir, warum nicht. Ich werde Dawa die Aufgabe übergeben!‘

Ein Blick aus dem Küchenzelt zeigte uns, dass die Sonne im Untergehen begriffen war. Es wurde merklich kälter, und ich fühlte die Kälte des Erdbodens durch meine nassen Schuhe höhersteigen.

Joglal, der Koch, brachte uns einen Becher Tee, und wir rührten den Zucker um und zogen an unseren Zigaretten. „So hat also deine Sherpa-Laufbahn angefangen."

„Ja", sagte Dawa. „So hat sie angefangen. Ich war noch sehr jung. Zwanzig vielleicht." Wieder zog er an seiner Zigarette.

Er sah, dass sie ausgegangen war, und ließ den Stumpen auf den Boden fallen. „Sundare war sogar noch jünger, als seine Karriere begann."

„Sundare ist eigentlich ein seltener Name bei den Sherpas, oder?"

„Ja, schon. Eigentlich heißt es *Sungdare*. Der Name bedeutet *magic man*. Ein Zauberer. Sundare wurde in Lower Pangboche geboren. Im Alter von zehn Jahren schon ging er als Yakboy zum Kala Pattar, um den Dung einzusammeln und zu Hause einheizen zu können. Im Alter von fünfzehn nahm ihn sein Cousin, der Trekking Sirdar war, mit zum Kala Pattar und zum Everest Basecamp. Sundare war ein sehr freundlicher Bub, und deshalb nahm ihn sein Cousin mit zur Mountain Travel Agentur nach Kathmandu.

Die Mountain Travel Agentur war von Mick Cheney und Colonel Jimmy Roberts gegründet worden.

„Jimmy Roberts habe ich noch kennengelernt", sagte ich, „Anfang der Achtzigerjahre. Er war ein sehr freundlicher Mensch. Aber heute lebt er wohl nicht mehr."

„Nein", sagte Dawa, „er lebt nicht mehr."

Aber damals hat Cheney den jungen Burschen unter seine Fittiche genommen, und später gab er ihm die Chance, den Mount Everest zu besteigen. Schließlich hatte Sundare den Everest sieben Mal ohne Verwendung von künstlichem Sauerstoff bestiegen. Jedermann respektierte ihn.

Nachdem er den Everest sechs Mal bestiegen hatte, wurde er von König Birendra zu einer Audienz geladen. Der König fragte ihn, was er für seine Zukunft wünsche. Sundare antwortete: „Ich möchte in Cheney's Mountain Travel Agentur Guide werden." Der Wunsch des Königs war Mountain Travel Befehl. Man sandte also Sundare als Guide von Jiri ins Khumbu. Er hatte vierzehn Gäste, und alle waren glücklich, ihn als Guide zu haben. Aber als die Gruppe und die Träger schon Junbesi erreicht hatten, war Sundare immer noch zwei Tagesmärsche zurück in Bandar. Dort trank er und tanzte und sang mit den einheimischen Mädchen.

Und so blieb es für die nächsten drei Jahre, und trotz aller Beschwerden der Touristen glaubte man bei Mountain Travel den Aussagen Sundares mehr.

Dann erstieg er den Everest ein siebtes Mal. Aber langsam fingen die Leute und Mountain Travel an seiner Verlässlichkeit zu zweifeln an, denn Sundare trank immer mehr. Bald würde er kein Geld mehr haben, um Essen für seine Familie zu kaufen, denn er hatte bereits seine Arbeit verloren. Seine Frau wollte ihn immer dazu bringen, wieder einen Berg zu besteigen, um Geld nach Hause zu bringen. Aber Sundare trank immer nur weiter und mehr und mehr.

Nun fing er an, seine Kletterausrüstung zu verkaufen. Er verkaufte sie an seine Sherpakollegen.

Dann versuchte er, einen Job in der Nationalparkverwaltung zu bekommen, denn, so meinte er, wenn andere, die den Everest nur ein einziges Mal ohne künstlichen Sauerstoff bestiegen hatten, damit reich wurden, dann müsste er, Sundare, wenn er den Everest sieben Mal bestiegen hatte, zumindest einen Job in der Verwaltung bekommen. Die Nationalparkbeamten sagten ihm, er bekäme den Job, wenn er zu trinken aufhöre.

Als Sundare in Kathmandu lebte, betrieb er ein kleines Teehaus. Aber dann trank er noch mehr als zuvor. Er trank jeden Tag vierundzwanzig Tomba und einen Liter Rakhsi. Wie hätte er auf solche Weise Geld verdienen können? Nach drei Monaten hatte er überhaupt kein Geld mehr. Zur gleichen Zeit, als ein Hotelbesitzer Sundares Pass konfiszierte, bis er seine Rechnung bezahlt hätte, empfing ihn König Birendra ein zweites Mal und verlieh ihm die Gurkha Thaksin Bahu-Medaille für seine Verdienste im Bergsteigen. Das ist der dritthöchste Orden von Nepal und die höchste Auszeichnung, die einem Zivilisten verliehen werden konnte. Diese Medaille trug Sundare immer auf seiner Brust. Er trug eine winddichte Jacke und darunter versteckte er seinen Orden, bis ihn jemand sehen wollte. Dann öffnete er den Reißverschluss der Jacke und zeigte stolz die Medaille.

Zu dieser Zeit fing er an, nur mehr in der Vergangenheit zu leben und auch äußerlich zu verwahrlosen. Er trug langes Haar, und ein Schlaganfall hatte seine linke Seite gelähmt.

Eines Nachts trank er in Chettatol Unmengen von Tomba. Um ein Uhr nachts kam er mit dem Motorrikscha nach Naxal zu seinem Zimmer.

Hier unterbrach ich Salami Dawa und fragte: „Wohnte er ganz allein?"

„Ganz allein, Rudi Sir. Seine ganze Familie, seine Frau, seine zwei Kinder, wohnten während dieser Zeit in Pangboche."

Ich bot Salami eine neue Zigarette an, und wir rauchten eine Zeitlang schweigend, während die Küchenjungen um uns das Abendessen vorbereiteten. Ongchu knetete den Teig für die *Momo,* und Sonam säuberte das Gemüse, während Shamser sich bemühte, den zweiten Kerosinkocher in Gang zu bringen. Bald gab der Kocher Geräusche von sich, die an einen startenden Hubschrauber erinnerten, und er goss Wasser in eine Kasserolle aus einem Plastikkanister, den er in der etwa hundertfünfzig Meter entfernten Quelle gefüllt hatte. Beim Blick durch den Zelteingang sahen wir nun, unmittelbar bei der Quelle, ein Rudel von etwa fünfzig Blauschafen stehen. Auch Murmeltiere hörten wir pfeifen, und mir fiel ein, dass ich auf meinen bisherigen Reisen in Nepal niemals ein Murmeltier gesichtet hatte. Dies hier war wirklich eine einsame Gegend.

Salami Dawa hatte für einen kurzen Moment den Faden seiner Geschichte verloren, und ich half ihm, indem ich wiederholte: „Sundare war mit dem Motorrikscha nach Naxal zu seinem Zimmer gefahren …"

„Ja", sagte Salami Dawa sofort, blickte durch den Zelteingang zu den Blauschafen und hatte sogleich den Faden wieder aufgenommen: So war es. Er hatte kein Geld, um die Motorrikscha zu bezahlen. Der Fahrer wandte sich an die Polizeistation Kamal phokari. Also sandte der Inspektor vier Polizisten, um Sundare zu verhaften. Die Polizisten wussten nicht, dass es Sundare war. Er zeigte ihnen auch die Medaille nicht. Also brachten sie ihn zur Polizeistation und der Inspektor fragte ihn: „Wer bist du?" Da öffnete er den Reißverschluss und zeigte ihnen die Medaille.

Sofort stand der Inspektor stramm und salutierte und danach erhielten die Polizisten jeder eine Backpfeife von ihm, weil sie die Identität von Sundare nicht korrekt ermittelt hatten. Der Inspektor empfand es als eine unverzeihliche Blamage für seinen Posten, dass seinen Männern bei der Verhaftung eines solch berühmten Mannes ein derartiger Fehler unterlaufen war.

Dann brachten der Inspektor und die vier Polizisten Sundare mit ihrem Jeep zu seinem Zimmer. Sie ermahnten den Rikschafahrer, angesichts eines solch bedeutenden Mannes nicht dermaßen kleinlich zu sein und wegen ein paar Rupien die Polizei zu holen, desgleichen die Vermieterin, die schon monatelang auf die Bezahlung der Miete drängte. Dann brachten sie Sundare zu Bett und salutierten alle ein letztes Mal, bevor er einschlief.

Einmal trank Sundare zwei Liter Rakhsi. In seinem Rucksack verstaute er noch einmal fünf Liter von diesem Schnaps
und um drei Uhr morgens ging er aus seinem Haus in Lobuche, um den Pumo Ri zu besteigen. Um fünf Uhr abends war
er zurück in Lobuche. Er hatte den siebentausendeinhundert-
einundsechzig Meter hohen Pumo Ri allein bestiegen. Der
Schnaps hatte ihn aufgeputscht.

Eines Tages kam er wieder einmal von Kathmandu nach
Pangboche nach Hause. Er hatte kein Geld, und seine Frau
weinte und weinte. Schließlich fingen sie zu streiten an, und
die Auseinandersetzung wurde körperlicher Natur. Am Morgen fand Sundare noch einige Reste seiner Kletterausrüstung.
Er sagte zu seiner Frau: „Ich gehe nach Kathmandu."

Aber er ging nur bis Tengpoche und fragte die Mönche, ob
sie seine Kletterausrüstung kaufen wollten. Jedoch die Mönche lehnten es ab, denn sie wussten, dass dann seine Frau
gar nichts mehr besitzen würde. So drehte Sundare wieder
um und stieg das kurze Stück durch die Rhododendronwäl-
der nach Debuche ab und kehrte in Ang Kantschis Lodge ein.
Schließlich wollte er wieder nach Hause gehen und erreichte die neue Hängebrücke unweit von Ang Kantschis Haus. Er
sprang von der Brücke. Am Morgen des nächsten Tages machten sich die Dorfbewohner auf die Suche nach ihm. Am Mittag
fand man seinen Körper.

Lastenträger mit ca. 170 kg schweren Kanalrohren im Marshiangdi-Tal

Rast vor dem Kloster in Tengpoche

URKIEN

Khumjung, der Hauptort der Sherpas und die Heimat Urkiens, liegt in einem weiten Tal, eher einem Tisch gleichend,
ein Hochplateau, abgesetzt an der Seite des eigentlichen Tales, durch den der Dudh Khosi fließt. Im Norden entschieden
abgegrenzt durch die Khumbila-Berge, gegen die Steilabbrü-
che des Südens mit behäbigen, waldbestandenen Hügeln gesichert, nehmen diese Hügel auch während des Tages, unter
schmeichelnder Sonne, nicht das satte Grün der Alpentäler an.
Man möchte die Farben beinahe stumpf nennen, und auch die
Wälder am Fuß der Berge sind sparsamer beschenkt worden.
Hier darf sich nichts und niemand verschwenden, hier muss,
um den höheren Ansprüchen des keinesfalls selbstverständli-
chen Überlebens gerecht zu werden, alle Kraft maßhalten.

Diese Hügel zwingen den Blick des Wanderers über die
Schlucht des Dudh Khosi, über das dahinterliegende Kloster
Tengpoche hinweg, an den rechtsseitig gelegenen, die ganze
Wucht des Himalaya ahnen lassenden Bergen vorbei, zu dem
Punkt, der allem Trachten ein Ende setzt, dessen schwarze,
mächtige Dreiecke die wirkliche Größe der Wand nur verhal-
ten und doch schon bedrohlich andeuten.

Es ist der Lhotse, der den Everest fast zur Gänze verdeckt,
und sein am rechten Ende des Grates anschließender Trabant,
der Lhotse Shar.

Lho heißt Süden und *Tse* heißt Gipfel. Also heißt Lhotse Südgipfel, und *Shar* heißt Osten. So ist der Lhotse Shar eigentlich der östliche Südgipfel und als solcher wurde er bis in
die Siebzigerjahre des letzten Jahrhunderts als eigenständiger

Achttausender von insgesamt sechzehn an der Zahl geführt. (Heute geht man ja ganz selbstverständlich von vierzehn Achttausendern aus. Aber bis in die 1970er-Jahre hinein galten der Lhotse Shar und der Yalung Kang als fünfzehnter und sechzehnter Achttausender.)

Dieser Lhotse Shar war wahrscheinlich der glanzvolle Höhepunkt des Sherpalebens von Urkien gewesen, weil er die erfolgreiche Expedition zum Gipfel im Jahre 1970 als Sirdar führte, und damit fängt unsere Geschichte an, die in der tragischen Weiterfolge aus einem einzigen, stetigen Abstieg besteht.

Von allen großen Sherpas, die ich in meinem Leben kennenlernte, war Urkien vielleicht der verschlossenste. Gewiss war er auch einsam, ähnlich wie damals noch der Gipfel des Everest, den er nie erreicht hat. Neben der Tatsache, dass er auf mindestens achtzehn großen Expeditionen der Sirdar gewesen war, war es diese Einsamkeit, die als Schemen vor mir auftauchte, wenn ich an Urkien dachte. Ich war auf dem Weg zu ihm, nach Khumjung. Ich hatte ihn seit vielen Jahren nicht mehr gesehen, auch trennte mich eine Generation von ihm. Doch nach allem, was ich über ihn gehört hatte, wollte ich ihn noch einmal besuchen.

Wenn man von Namche Bazar in Richtung Khumjung den kurzen Weg nimmt, zeigt einem das steile Zickzack des Wegleins, dass man sich doch schon einer Höhe von viertausend Metern nähert. Ich freute mich, dass mir der Aufstieg so leichtfiel, während ich mich an mein erstes Treffen mit Urkien erinnerte.

Es war Mitte der Siebzigerjahre gewesen, als Urkien von meinem Bergsteigerklub, den *Karwendlern*, nach Innsbruck eingeladen worden war. Ich erinnerte mich seiner hageren

Gestalt und seines schmalen, wettergegerbten Gesichts mit seinen weltabgewandten Augen, als sei es gestern gewesen, obwohl diese Dinge nun schon zwanzig Jahre zurücklagen. Damals hatte man Urkien herumgereicht wie eine seltene, wertvolle Trophäe. Er war bei Fernsehanstalten und Redaktionen aus und ein gegangen. Man hatte ihn im Range Rover kreuz und quer durch Europa kutschiert. Er war das Symbol einer ganzen Generation gewesen in ihrer Sehnsucht nach der Ferne, nach dem Himalaya. Und er hatte seine Rolle darin erfüllt.

Nach seiner Rückkehr nach Hause vernahm man aber bald dunkle Geschichten von ihm und schließlich sprach man nicht mehr über ihn.

Der traurige Höhepunkt dieser Geschichten war gewesen, dass er seine Frau nach seiner Heimkehr im Suff krankenhausreif schlug, ebenso seinen Sohn, mit einem Hammer; wahrscheinlich ist er Jahre später an diesen Verletzungen gestorben.

Freilich hatte ihn daraufhin die nepalesische Polizei gesucht (und nicht gefunden), aber noch schwerer wog die Strafe, dass er von seinem Stamm, seiner Gemeinde, verstoßen worden war.

Niemand hatte also seinen Aufenthaltsort gewusst, für viele Jahre nicht, und niemand seinen Namen auch nur andeutungsweise mehr erwähnt. Aber er musste zurückgekehrt sein, denn bei den Sherpas ist nichts, auch nicht das größte Vergehen, in Stein gemeißelt, hat aber vielleicht gerade deshalb lang anhaltende Wirkung.

Nunmehr also, zwanzig Jahre später, war ich auf der Suche nach ihm. Bald hatte ich den Steilhang, der zum Hochplateau von Khumjung führt, unter mir gelassen und gelangte über einen kleinen Pass auf einen etwas breiteren, sanft abfallenden Weg, von dem aus man die ersten Häuser des Ortes erblicken kann.

Hier ungefähr musste es gewesen sein, als Sir Edmund Hillary nach der Erstbesteigung des Everest im Jahre 1953 den Sherpa Urkien fragte: „Tell us, if there is one thing we could do for your village, what would it be?"

Urkien antwortete: „With all respect, Sahib, you have little to teach us in strength and toughness. And we don't envy your restless spirits. Perhaps we are happier than you? But we would like our children to go to school. Of all things you have, learning is the one we most desire for our children."

Das Erste, was man, von Namche Bazar nach Khumjung kommend, passiert, sind große, flache Gebäude. Sir Edmund hatte Wort gehalten. Hier standen die Schulen, Grundschule, Hauptschule, und in der benachbarten Ortschaft Khunde, auch von hier gut sichtbar, das kleine, aber hocheffiziente Hillary-Krankenhaus.

Es gibt berühmte Bergsteiger, die von sich selbst glauben, dass sie gestorben sind, wenn sie sich nicht wenigstens einmal in der Woche selbst im Fernsehen sehen. Sir Edmund gehörte nicht dazu.

Im Jahr vorher war ich hier schon einmal alleine unterwegs gewesen. Es war ein grauer Tag gewesen, und der Nieselregen hatte die Ergebenheit des Hochplateaus noch verstärkt. Ich war langsam zwischen den großen Felsblöcken das Steiglein Richtung Khumjung hinuntergewandert. Da hörte ich Hammerschläge. Ich wunderte mich, dass bei diesem Wetter jemand im Freien arbeitete. Beim Näherkommen sah ich eine groß gewachsene Gestalt. Es war Sir Edmund. Er trug einen Hut, war weit jenseits der siebzig, seine Zähne hatte er in seiner Unterkunft zurückgelassen. Heiter und fidel war er mutterseelenallein dabei, den Dachstuhl einer neuen Schule zusammenzuzimmern. Kein Kamerateam war in der Nähe, um sein Gutmenschentum umgehend übertragen zu können. Wir unterhielten uns eine Weile, redeten auch über Peter, seinen Sohn, mit dem mich damals eine lose Freundschaft verband. Dann zog ich weiter, bis sich das Hämmern im Regen verlor.

Nun war ich also wieder hier. Die Schulgebäude waren alle fertiggestellt, und lebhaftes Kindergemurmel aus dem Inneren der Gebäude zeugte davon, dass Sir Edmunds Hilfsbereitschaft auf einen fruchtbaren Boden gefallen war.

Ich erreichte den breiten, von Steinmauern eingefassten Weg, der sich durch Khumjung zieht, und fragte einen Bauern, der gerade auf einem von zwei Yaks gezogenen Pflug stand, wo das Haus von Urkien sich befände. Er sah mich prüfend an, entgegnete dann aber, nicht unfreundlich, dass er keinen Urkien kenne. Ich ging also weiter, erreichte eine kleine Lodge, durch deren Holztür ich in das Halbdunkel trat. Um das offene Feuer in der Küche saßen einige Einheimische. Auch sie verneinten. Sie kannten keinen Urkien.

Einige Häuser weiter sah ich in einem Garten einen jüngeren Bauern, wie er an einer Bambusmatte flocht. Ich lehnte mich an das umgebende Steinmäuerchen und sah ihm eine Weile zu. Als er herblickte, fragte ich höflich nach Urkien.

„Hier gibt es keinen Urkien", sagte er.

„Doch", sagte ich, „ich weiß, dass es hier einen Urkien gibt. Er ist ein alter Mann inzwischen."

Nein, Urkien kenne er keinen.

„Doch", beharrte ich. „Der Sirdar Urkien."

Das Gesicht meines Gesprächspartners blieb unbewegt: „Es gibt hier keinen Sirdar Urkien."

Damit flocht er an seiner Matte weiter. Doch ich ließ nicht locker.

„*Sirdar* Urkien gibt es hier keinen", sagte er schließlich und machte eine lange Pause. „Aber einen *Yakboy* Urkien, *den* gibt es. Er wies mit seiner Hand nach Norden. „Dort, das kleine Haus mit dem grünen Dach, das Eckhaus, das ist das Haus von Yakboy Urkien."

Ich bedankte mich und machte mich auf den Weg.

So also hatte ihn die Gemeinschaft degradiert. Vom Sirdar zum Yakboy. Was für ein Abstieg. Ich hatte das Haus bald gefunden. Ebenerdig war der Stall angelegt, wie bei allen anderen Häusern auch. Ich betrat den Stall, stieg über das schütter ausgestreute Stroh hinweg und erreichte im Halbdunkel eine kleine Holzstiege, die nach oben führte. Eine primitive Holztür öffnete sich in einen kleinen, schmucklosen Raum. Ein ranziger Geruch lag in der Luft.

Ich erkannte Urkien sofort wieder. Er saß auf einer Steinbank, worauf Yakfelle gebreitet waren. Vor ihm stand ein großer Krug mit Tschang, und Urkiens abwesender Blick und die geröteten Augen zeugten davon, dass er schon reichlich davon Gebrauch gemacht hatte, obwohl es erst zehn Uhr vormittags war. Neben ihm saß ein schmutziger, rotgewandeter Mönch, der unablässig eine Art Rosenkranz in den Händen drehte. Beide sahen mich fragend an, und ich stellte mich vor, erzählte von Urkiens Besuch in Innsbruck vor zwanzig Jahren und dass es mich interessiere, wie es ihm denn gehe. Er zeigte keine Regung und kein Zeichen des Erkennens.

Es gehe ihm gut, sagte er schließlich mit schwerem Zungenschlag, es fehle ihm an nichts. Ich blieb eine Weile unter der Tür stehen, ratlos, denn man bot mir keinen Platz an. Schließlich sagte ich einen Abschiedsgruß, der nicht erwidert wurde, und fand meinen Weg über das steile Stieglein hinunter und durch das Dunkel des Stalls ins Freie, wo im gleißenden Sonnenlicht die majestätischsten Berge der Welt reihum standen.

Vielleicht hatte ich nur verstehen wollen, auf das Schreckliche hinauf, das ich vernommen hatte, und nach einer Erklärung gesucht.

Ich begann zu begreifen, warum diese Berge, alle diese Berge, ursprünglich heilig gewesen waren, nach deren Gipfeln man nicht strebte, genauso wenig wie nach den Schätzen des Bodens, der Erde, die doch nur die ewige Begierde nähren würden. Sie waren immer der Sitz der Götter gewesen, von deren Besteigung die geistigen Führer des Landes abrieten, denn man konnte nicht wissen, wohin das führte.

In einer Gesellschaft, in der man das Rad lange vor den Europäern kannte – als Symbol des Lebens – und es trotzdem niemals verwendete, weil man die Folgen fürchtete, in einer solchen Gesellschaft konnte es auch keinen Kulminationspunkt der Eitelkeiten geben.

ANG KANTSCHI
UND DER GEWEIHTE TSCHANG

Der Himalaya ist voll von mythischen Geschichten, aber das sind die Alpen ja auch. Man kann davon ausgehen, dass hinter jeder der zahlreichen Sagen ein Wahrheitsgehalt steckt: Sie erzählen von Begebenheiten, die im Laufe der Jahrhunderte durch Tradierung ihre heutigen Formen erhielten. Auch Märchen sind an sich wahr, sie stellen die verdichtete Wirklichkeit des Unterbewussten dar. Die Mythen sind ein Surrogat unserer Vorstellungen und darüber hinaus aber auch ein Stoff, dessen Urgrund auf unserer zellhaften Prägung gewachsen ist. Denn unser Sein und unser Verhalten gründet keinesfalls auf Erziehung allein, wie es die Erziehungswissenschaftler gerne hätten, sondern sind ein Resultat aus Hunderten, vielleicht Tausenden von Jahren eines kollektiven Gedächtnisses, geprägt und verdichtet aus Erfahrungen, auch Traditionen, die jede geistige Leistung, die sich nicht über längere Zeit bewährt hat, ausscheiden.

Der Himalaya ist kein mystischerer Ort als unsere Alpen, und auf jedem Gipfel wird man nur das finden, was man mit hinaufgenommen hat. Aber vielleicht ist der allererste Besuch besonders angetan, sein eigenes Inneres in einen besonderen Gleichklang mit der Umgebung zu bringen, sich zu öffnen, um auf diese Weise, gleich einem Radioempfänger, Erfahrungen oder Wellen zu orten, deren Frequenz an einem anderen Ort in einem einfachen Rauschen untergegangen wären.

Aus einer solchen Erfahrung, oder genauer, mehreren solchen Erfahrungen, besteht Ang Kantschis Geschichte mit dem geweihten Tschang.

Vorausschicken möchte ich, dass ich im Laufe meines Bergsteigerlebens öfters beobachtet hatte, dass befreundete Bergsteiger, die später abstürzten, durch besondere drastische Hinweise Monate oder Jahre vorher gewarnt hätten sein müssen.

So hatte ein Freund, der eine schwierige Felstour in souveräner Manier allein und ohne Seil kletterte, in der gleichen Tour ein halbes Jahr später einen langen Sturz ins Seil getan, dieses Mal gesichert von seinem Partner. Ein Jahr später stürzte er tödlich ab.

Ein anderer stürzte mit einer Wechte anlässlich einer Winterbegehung in freiem Fall sechzig Meter in die Tiefe und überlebte wie durch ein Wunder unverletzt. Ein Jahr später kam er im Himalaya ums Leben.

Wieder ein anderer rammte sich bei einem Sturz auf einem harmlosen Hüttenabstieg den Eispickel nur Millimeter neben der Schlagader in den Hals; was blieb, war einzig eine größere Narbe. Ein Jahr später tat er beim Klettern einen Sturz und verbrachte den Rest seines Lebens im Rollstuhl.

Wenige Tage vor dem Aufbruch zu meiner ersten Himalaya-Expedition fand ich mitten in einer Wand des Wilden Kaisers die Papiere und sonstige Überreste eines am Tage vorher tödlich Verunfallten. Die Anordnung des Seiles und der Sicherungen (der Flugretter – es war der mit dem Eispickel, der später im Rollstuhl landete – hatte den Toten vom Seil geschnitten) wiesen ganz klar darauf hin, dass der Verunglückte durch einen fatalen Sicherungsfehler seines Partners ums Leben gekommen war.

In den gleichen Tagen kam ich beim Waldlauf in der Dämmerung an einem Selbstmörder vorbei. Er hing knapp unterhalb des Weges und hatte im letzten Reflex des Fallens noch seine Finger um den Ast gekrallt, an dem er sich aufhängte, ohne jedoch wieder davon loszukommen, weil das Seil um den Hals schon zugezogen war. Ich konnte meinen linken Arm um ihn schlingen und ihn in die Höhe halten, während ich mit der freien rechten Hand den zugezogenen Knoten mühsam löste. Er ließ das Ganze völlig unbeteiligt über sich ergehen, und als ich ihn wieder auf die Erde stellte, verabschiedete er, der sich schon in einer anderen Welt befunden hatte, sich ganz einfach und unprätentiös von mir und ging seiner Wege.

Dies alles erinnerte an den russischen Dichter Puschkin, der, als er von seinen Dekabristenfreunden zu einem Aufstand nach St. Petersburg gerufen wurde, dem Kutscher in Grusinien den Befehl gab, sofort umzudrehen, weil ein Hase in besonderer Weise seinen Weg gekreuzt hatte. Der Aufstand schlug fehl, seine Freunde wurden entdeckt und alle wurden sie hingerichtet.

Werden wir alle gewarnt oder warnen wir uns selbst, wenn uns etwas droht, weil wir nicht in unserer Mitte sind? Oder fahren wir wie auf Schienen unserer vermeintlichen Bestimmung zu, weil wir die Vorzeichen nicht sehen?

Wir waren zu dritt und hatten in der Eiswand unser Zelt auf sechstausendsiebenhundert Metern Höhe aufgeschlagen. Es schneite die ganze Nacht hindurch. Gegen Morgengrauen hörten wir das erste, noch ferne Grollen von Lawinen und das Aufschlagen von Steinen. Sie klangen wie ein Pochen an das Tor des Unheils.

Wir rüsteten uns für den Abstieg. Durch mehr als eineinhalb Meter hohen Neuschnee wateten wir über die schier endlosen Gletscherbecken zurück, seilten uns über die Eiswände ab und querten lange Flanken und schließlich endlose Moränentäler, bis wir erschöpft im Basislager auf fünftausendvier-

Blick aus der Südwand des Cho Oyu auf die Berge des Rolwaling

hundert Metern ankamen. Die Lage dieses Lagers – etwa acht Kilometer vom Wandfuß entfernt – bewahrte uns, zusammen mit den vielen Moränentälern, die dazwischen lagen, vor der allerärgsten Wucht auch der größten Lawinen. Hier waren wir in Sicherheit.

Am nächsten Tag erhielten wir Besuch. Ang Kantschi, eine Sherpani, war den weiten Weg vom Kloster Tengpoche im Laufschritt heraufgekommen und brachte uns geweihten Tschang. Bei den Sherpas wird der Tschang meistens aus gegorenem Reis gewonnen. Man fasst diesen Reis in ein Sieb, und unter Beiziehung von sieben verschiedenen Kräutern und Gewürzen und sorgfältig durchgefiltertem Wasser sowie einer weiteren Garzeit von einer Woche ergibt sich ein milchig trübes Getränk, das entfernte Ähnlichkeit mit der europäischen Molke hat.

Bleibt das milchige Getränk auf vierzehn Tage in Quarantäne, das heißt, in einem luftdichten Behälter, anstatt nur wie gewöhnlich eine Woche, dann sprechen die Sherpas von *Dong Tschang,* was etwas Ähnliches wie Starkbier bedeutet. Auf jeden Fall ist es für beide Arten von Bier, den Tschang und den Dong Tschang, nötig, den gärenden Reis mit den Händen durch ein Sieb zu drücken, während ein Helfer das Wasser beimengt. Es ist manchmal nicht zu übersehen, dass die durch die Arbeit des Tages braunen Handflächen der Sherpas am Ende dieser Tätigkeit blütenweiß zu nennen sind, während der gewonnene Tschang eine bräunliche Färbung angenommen hat.

Ang Kantschi war eine Art Barfußärztin, sie stand den Frauen bei Entbindungen bei und eilte, wenn gebraucht, von Haus zu Haus, um den Menschen medizinische Hilfe zu gewähren. Sie war kinderlos und unverheiratet, im ganzen Solo Khumbu bekannt und beliebt und sehr religiös. Einige Brüder und eine ältere Schwester waren in das naheliegende Kloster Tengpoche als Mönche eingetreten. Wolfgang Nairz, unser Expeditionsleiter, hatte Ang Kantschi Jahre vorher kennen und schätzen gelernt, ihre Lodge in Deboche war zu einem fixen Rastplatz auf dem Weg zu den großen Bergen geworden.

Da stand nun also Ang Kantschi mit ihrem Holzbehälter voll geweihtem Dong Tschang, sie war die Strecke von Deboche in zehn Stunden heraufgerannt. Normale Wanderer benötigen dafür mindestens drei Tage. Wir freuten uns über ihren Besuch und die Abwechslung in unserem Lagerleben und unterzogen uns freudig der Zeremonie, die mit dem Trinken von geweihtem Tschang verbunden ist. Nun war der Holzbehälter des Tschangs aber ziemlich groß und unsere Mägen durch die Anstrengungen der letzten Tage ziemlich klein; es dauerte nicht lange, und ich begann, die Auswirkungen des Alkohols zu spüren. Der Tschang kam mir, bildlich gesprochen, schon fast bei den Ohren heraus. Denn der Brauch will es, dass ein angebotenes Gefäß mit Tschang immer bis zum letzten Tropfen ausgetrunken wird.

Nun waren wir bei der Zeremonie bisher immer nur zu dritt gewesen: Ang Kantschi, Wolfgang Nairz und ich und begannen jetzt, uns nach unserem fehlenden Gefährten umzusehen. Wir vermuteten ihn in seinem Zelt. Ich wurde also beauftragt, ihm ein Glas Tschang zu bringen.

Reinhard Karl lag, Kopf und Oberkörper halb aus seinem Zelt herausgestreckt, auf seiner Matratze und schrieb an seinem Tagebuch. Um den Zelteingang herum standen als Windschutz seine Plastikcontainer mit seiner Ausrüstung. Sein Zelt war etwas abseits gelegen, und darüber hinaus konnte er vom Lager aus unmöglich zu sehen sein.

Ich bot Reinhard den Tschang an, doch er lehnte ab.

„Lass mich in Ruhe mit dem Zeug", sagte er, „ich kann es nicht vertragen."

„Aber so nimm doch wenigstens ein bisschen", sagte ich. „Es ist geweihter Tschang, und Ang Kantschi hat ihn den ganzen weiten Weg heraufgetragen."

„Ich kann nicht", sagte er, „ich kann das Zeug nicht ausstehen."

„Ich habe schon sieben oder acht Gläser getrunken", sagte ich, „und ich kann auch nicht mehr."

„Dann schütt ihn weg", sagte er.

„Nein", sagte ich, „das bringt Unglück."

„Unsinn", sagte er. „Außerdem kann ich das Zeug im Magen nicht vertragen."

„Es ist geweihter Tschang", wiederholte ich.

„Trink ihn selbst", sagte er. „Oder schütt ihn weg."

„Nein", sagte ich.

„Doch, mach's", insistierte er.

So ging ich schließlich in die Hocke und wies dem Lager den Rücken zu. Ich drehte mich noch einmal um, ob mich wohl auch niemand sehen konnte. Aus dem Küchenzelt drüben hörte ich das Lachen unserer Sherpas. Es war niemand im Freien. Ich führte das Glas vorsichtig dem Sandboden zu und kippte es. Wenig später saß auch ich im Küchenzelt, in dem alle versammelt waren.

In zyklischen Anläufen hatten wir uns über die Wand höhergearbeitet und verbrachten jeweils einige Tage in ihr, um uns dann wieder im Basislager zu erholen. Dieses Lager hatten wir auf dem von einer Seitenmoräne begrenzten Hochplateau am Rande des Ngozumpa-Gletschers aufgeschlagen. Spärlicher Graswuchs und weite Flächen aus Sand bedeckten es.

Ich hatte eine alte, abgeschnittene Konservendose mit Sand gefüllt und da rein drei Kerzen gestellt. Im Licht dieser Kerzen schrieb ich im Tagebuch; es war zehn Uhr abends geworden. Völlige Stille lag über dem Lager, sogar die Lawinen hatten ihre Tätigkeit eingestellt. Auf einmal hörte ich ein metallisches Schnappen vor dem Zelt. Ich hörte, wie jemand den Schnappring einer meiner Container, die vor dem Zelt standen, öffnete und in meinen Sachen wühlte. Verwundert hörte ich eine Weile hin, dann hatte ich auch schon den Reißverschluss des Zeltes geöffnet und stand im Freien. Es war niemand zu sehen, und die Container standen verschlossen wie immer. Der Mond war an seiner höchsten Stelle angelangt und beleuchtete die Hochebene; in einem Kilometer Entfernung sah ich Yaks an den Grashängen stehen. Ich ging langsam in einem großen Kreis um das Zelt. Der nächstgrößere Fels, hinter dem sich jemand verstecken könnte, lag etwa dreißig Meter entfernt. Er war ungefähr fünf Meter hoch und ebenso breit, und ich trat in seinen Schatten hinein und wieder heraus ins helle Licht des Mondes. Es war niemand zu sehen. Absolute Stille. Die Zelte dunkel und schlafend, einzig meines stand wie ein großer, einsamer, von innen beleuchteter Lampion mitten in der Sandfläche. Ich war vollkommen ruhig und überlegte mir ganz nüchtern, wer oder was dieses Geräusch verursacht haben könnte. Die einzige bewohnte Siedlung, die Gokyo-Alm, war drei bis vier Stunden Gehzeit entfernt, unsere eigenen Sherpas schliefen, und ich hatte keine Schritte gehört. Also schlüpfte ich wieder in mein Zelt und schrieb an meinem Tagebuch weiter. Viel mehr als drei oder vier Sätze waren nicht getan, als das unverwechselbare, metallische Schnappen wieder zu hören war.

Diesmal war ich noch schneller draußen, und wieder war nichts zu sehen. Ich überlegte. Weder war ich beunruhigt noch besonders irritiert. Ich konnte mir nur keinen Reim darauf machen, wer bei mir etwas suchen oder stehlen wollte und warum ich keine Schritte gehört hatte. Außerdem war allein schon der Gedanke, dass hier heroben, auf fünftausendvierhundertfünfzig Metern Meereshöhe, in der friedlichsten Gegend des Erdenrunds, sich jemand mit dem Gedanken an Diebstahl herumtriebe, völlig absurd. Ich kehrte also ins Zelt zurück, zog den Reißverschluss wieder zu, behielt aber den Gleiter zwischen den Fingerspitzen, um nötigenfalls sofort nach draußen zu stürzen. Ein Messer nahm ich zwischen die Zähne und musste gleichzeitig über mich selbst lachen. Ich wartete ganz ruhig. So vergingen vielleicht drei oder vier Minuten. Dann war das Geräusch wieder da, klar und unmissverständlich. Im gleichen Moment stand ich draußen; in Unterhosen und mit dem Messer zwischen den Zähnen musste ich ein grotesker Anblick gewesen sein. Doch niemand lachte. Es war niemand da. Ich ging in großen Kreisen um das Zelt, um den besagten Fels, um das gesamte Lager herum. Es war niemand zu sehen und nichts zu hören und keine Spuren im Sand, die auf einen Besucher hingewiesen hätten. Da legte ich mich wieder in meinen Schlafsack und begann die Ereignisse des Tages aus immer größer werdender Entfernung zu betrachten wie jemand, der mit dem Rücken voraus ein Zimmer verlässt.

Hätte ich damals den Erfahrungsstand von heute gehabt, dann wäre dieses Erlebnis beim gemeinsamen Frühstück am nächsten Morgen zur Sprache gekommen. Dann hätte ich mich für einen Abbruch der Expedition ausgesprochen.

Zwei Tage später waren wir wieder in der Wand. Am Abend eines anstrengenden Tages aß ich ein Stück Bergkäse, den wir von zu Hause mitgebracht hatten.

Wenige Wochen vor der Abreise hatte mir mein Zahnarzt zu Hause noch eine Wurzelbehandlung verpasst und den Wurzelkanal offen gelassen, aus Vorsicht, wie er sagte. Denn man könne nicht wissen, wie sich die frische Füllung im Zahn bei den enormen Druckunterschieden im Himalaya auswirken würde. Beim Hineinbeißen in den Käse füllte sich nun der Wurzelkanal, und ich bekam ihn trotz angestrengten Hantierens mit dem Zahnstocher nicht mehr frei. So entzündete sich das Zahnfleisch und der Gaumen, und drei Tage später hätte ich vor Schmerz die Zeltwände hochgehen können. Ich benötigte Hilfe und beschloss, meine Gefährten zu verlassen und allein vom Basislager zum etwa drei Tage entfernten Khunde Hospital zu laufen. Jamie Uhrig, der kanadische Mediziner, schnitt mir den eitrigen Gaumen auf und war nicht nur ein guter Arzt, sondern auch ein guter Menschenkenner. Denn er verpasste mir eine Spritze, die mich zwei Tage und Nächte durchschlafen ließ. Offenbar spürte er, dass ich ansonsten gleich nach dem Eingriff wieder losgerannt wäre. Damit verdanke ich ihm mein Leben.

Denn auf diese Weise versäumte ich den gemeinsamen Aufbruch zum Gipfel. Meine beiden Freunde befanden sich also am Morgen des 19. Mai 1982 bereits in unserem Zelt in Lager zwei auf etwa sechstausendsiebenhundert Metern Höhe, während ich, auf mich allein gestellt, nach einem Eilmarsch vom Krankenhaus wieder im Basislager ankam, sie dort natürlich nicht mehr antraf, ihnen sofort nachstieg und die nächste Nacht alleine im Lager eins auf sechstausend Metern Höhe verbrachte. Es war eine seltsame Nacht. Eine Nacht voller dunkler Ahnungen.

Bei Tagesanbruch kletterte ich sehr zügig die folgende, senkrechte Eiswand hoch, die zum Ende des Eisbruchs führte, der zum großen Gletscherbecken überleitete. Am Ende dieses Beckens war Lager zwei gelegen, in dem meine Gefährten auf mich warten sollten.

Wir hatten diese Eiswand in den Wochen vorher mit selbstgebastelten Strickleitern aus Ästen und Reepschnüren entschärft, sodass mich der Weg schnell weiterführte, tiefer hinein und hinauf in die wild zerrissene Gletscherwelt dieses Riesenberges. Das große Plateau mit seinen Gletscherbecken auf sechstausendfünfhundert Metern bewältigte ich fast im Laufschritt und erreichte die Stelle, an der unser Lager zwei hätte sein müssen, am frühen Vormittag. Aber das Lager existierte nicht mehr. Eine Eislawine war abgegangen, und ein Ausläufer war aus größerer Höhe senkrecht auf unser Zelt gestürzt.

Wir hatten immer zu dritt in diesem Zelt auf Lager zwei übernachtet, und mein Platz war in der Mitte gewesen. An diesem Unglücksmorgen hatten nun Wolfgang und Reinhard an dem Platz, wo ich normalerweise mit dem Kopf lag, den Kocher aufgestellt, um den Frühstückstee zu bereiten. Kocher und Kochtopf waren nach der Eislawine zusammen nur mehr wenige Zentimeter hoch. Reinhard war tot. Es blieb uns nichts anderes übrig, als seinen Körper in einer Gletscherspalte zurückzulassen. Ein Abtransport wäre von hier nicht möglich gewesen.

Wolfgang war ziemlich schwer verletzt und klagte unter anderem über ein gebrochenes Bein. Nun mussten wir beide alles daransetzen, noch heute ins Basislager zu kommen. Ich zog Wolfgang die Steigeisen an, denn die flacheren Stücke musste er selber schaffen, aus eigener Kraft. Die Spur war so tief, dass ich unmöglich neben ihm gehen und ihn stützen konnte. Einen Menschen von seinem Gewicht allein in sechseinhalbtausend Metern zu tragen, war ohnehin ganz unmöglich.

Über die senkrechten Passagen und Eiswände seilte ich ihn mit der Karabinerbremse ab. Ich hatte ihn mit Schmerzmitteln vollgepumpt und doch sah ich ihm sein Leiden an. Aber er gab keinen Laut der Klage von sich. Spätnachts erreichten wir das Basislager. Am Fuß der Moräne, die die letzten achtzig Meter steil aufwärts zu den sicheren Zelten führte, hörten wir das Rufen der Sherpas. Im gleichen Moment brach Wolfgang zusammen. Er redete wirr, und sein Körper verweigerte jede Flüssigkeits- oder Nahrungsaufnahme. Er wusste nicht mehr, wo er war, und wähnte sich auf siebeneinhalbtausend Metern.

Etti, seine Frau, war während der vielen Wochen der Expedition im Basislager gewesen und hatte ausgeharrt, hoffend, vertrauend, träumend, angsterfüllt. Sie hatte vom Unglück über Funk erfahren, und nun wartete sie hier, die Bergsteigerfrau, ohnmächtig auf unser Eintreffen. Nun half sie mir, Wolfgang ins Zelt zu legen. Ich sagte ihr, dass sie sich zu ihrem Mann legen sollte, um ihn zu beruhigen. Dann schloss ich ihr Zelt und holte eine große Sauerstoffflasche. Ich schloss den Zelteingang und ließ nur eine kleine Ecke des Reißverschlusses offen. Dorthinein steckte ich die Sauerstoffflasche und drehte sie auf. Mit dem zischenden Geräusch stieg der Partialdruck des Sauerstoffs im Zelt beinahe schlagartig an, während das Innere des Zeltes völlig vereiste. Doch schlief Wolfgang nun augenblicklich ein.

Nun ging ich mit Etti ins Küchenzelt zu den Sherpas, wo wir bis zum Tagwerden sitzen blieben. Etti erzählte mir auf dem Weg zum Zelt, wie sehr sie sich vergangene Nacht gefürchtet hätte. Immerzu hätte jemand in der Nacht den Schnappring ihrer Plastikcontainer geöffnet und darin gewühlt, und jedes Mal, wenn sie dann zum Zelt hinaussah, sei niemand da gewesen. Ich bestätigte ihr, dass mir eine Woche vorher genau dasselbe widerfahren war.

Dann saßen wir mit unseren Sherpas beisammen. Maila Pemba war der Sirdar, und er war es auch, der zu erzählen anfing. Er sagte, sie alle hätten das, was Reinhard geschehen war, vorhergesehen.

„Aber wieso denn?", fragte ich.

„Weil er den geweihten Tschang von Ang Kantschi weggeschüttet hat", sagte Maila Pemba, und alle anderen nickten.

„Das stimmt ja gar nicht", sagte ich und log dabei nicht einmal. Denn nicht *er* hatte ihn ja weggeschüttet, sondern *ich* hatte dies auf sein Geheiß hin getan.

„Nein", bestätigten nun alle der Reihe nach. „Es stimmt. Wir wissen, dass er ihn weggeschüttet hat."

„Woher wollt ihr das wissen?", fragte ich.

„Wir wissen es", antworteten sie.

Obwohl ich seit dieser Expedition noch achtundvierzigmal Mal in Nepal war und ab und zu einen unserer damaligen Sherpas traf, habe ich nie in Erfahrung bringen können, woher sie damals ihr Wissen hatten.

Reinhard Karl war Anfang der Achtzigerjahre der erfolgreichste deutsche Bergsteiger gewesen. Daher stellte sich etwa zwei Monate nach unserer Rückkehr aus dem Himalaya ein anderer berühmter Bergsteiger bei mir ein. Er wollte einen Nachruf für Reinhard verfassen und benötigte dafür ein Porträt. Ich hatte wenige Wochen vorher meine Filme aus der Entwicklungsanstalt geholt und kein einziges Dia dabeigehabt, auf dem Reinhard unmaskiert und allein abgebildet war. Von sechsunddreißig Filmen mit je sechsunddreißig Aufnahmen zeigte keine einzige erkennbar nur ihn. Entweder war er allein, dann mit Sturmbrille und Maske; oder Wolfgang oder ich waren an seiner Seite. Alle anderen Aufnahmen waren durchsichtig hellgrau, als hätte sie ein Nebel verschluckt, und mit schwarzen, waagrechten, Lenticulariswolken ähnlichen Einschlüssen durchzogen. Während der Expedition hatte ich, anlässlich eines Rasttages, zwei Filme mit je sechsunddreißig Aufnahmen ausschließlich dafür verwendet, Porträts von Reinhard zu knipsen. Aber diese beiden Filme waren und blieben verschwunden.

DER ZORNIGE YAK
UND SEIN SELTSAMES GEDÄCHTNIS

Das milchig graue Wasser eines Gletscherbachs, einmal über kurze Abgründe tosend, dann wieder zwischen hausgroßen Findlingen zur Ruhe kommend, aus diesem Stehen erneut in die Tiefe gezogen: das ist der *Dudh Khosi*, der Milchfluss. Zuerst an seinem rechten, dann dem linken Ufer stiegen unsere Yaks höher, auch sie in denselben Farben, grau und weiß und seltener mit schwarzen Flecken. Voraus ging der Treiber, ständig pfeifend und singend, und hinten nach Salami Dawa dann ich selbst.

Es schneite, und auch die Flocken schienen grau zu sein. Die Yaks trugen an jeder Seite eine Last, es waren Packsäcke in verschiedenen Farben, auf denen sich kleine Hauben aus Schnee gebildet hatten. Dann gewannen wir flacheres Terrain, und auch der Weg wurde breiter, und der Treiber musste weniger pfeifen, um die Tiere in Bewegung zu halten. Über die Rücken der Yaks hinweg sah ich einige Steinhütten an den Berghang gelehnt, aus ihnen trat Rauch, der keineswegs zum Himmel stieg, sondern dick und zähe über die Dächer quoll, als folgte er dem Weg der Wolken. Man roch ihn bereits, den Rauch, und auch entfernte Rufe drangen tiefer in den kleinen Kessel herunter, aus dem unsere Karawane kam und dessen Grund nun nicht mehr sichtbar war. Wir waren in Lussa angekommen. Vor den Steinmauern der Hütten blieben die Tiere stehen. Sie dampften, und ihr langes Fell streifte beinahe den Boden, den eine handhohe Schneeschicht bedeckte. Sie hechelten mit weit aus dem Maul hängenden Zungen und

Lussa, eine der letzten Almen vor dem Cho Oyu

rührten sich nicht vom Fleck, auch wenn der eine oder andere hustete, als hätte er sich erkältet, und dabei seinen Rücken bogenförmig nach oben warf. Der Treiber entlud den ersten Yak. Gleichmütig ließ er sich die Handgriffe gefallen. Auch beim zweiten Yak verhielt es sich so. Der Treiber stellte die Lasten in den Schnee.

Der dritte Yak war unruhig, er wich dem Treiber aus, wann immer er ihn berühren wollte, und Salami Dawa eilte zu Hilfe. An jeder Seite zerrten die Männer an den Seilen, wollten die Knöpfe lösen, das Tier erleichtern. Ruhig und mit leise zischenden Lauten redeten sie auf den Yak ein, der bei jedem vorgebrachten Laut nur zuckte. Dann begann er, sich im Kreis zu drehen, in einem seltsamen Tanz die beiden Männer mit sich zwingend, bis ich hinzulief und den Yak beim linken Horn packte. Es war ein großes Horn, dem Lenker eines amerikanischen Motorrads vergleichbar, und ich dachte mir, dass man daran nur mehr Blinker anzubringen hätte, und die Fahrt könnte beginnen.

Und die Fahrt begann ja auch, aber nicht so, wie ich gemeint hatte. Denn der Yak hielt für zwei, drei oder vier Sekunden still, als wäre er verblüfft über meine Anmaßung, ihn so einfach halten zu wollen. Dann sprang er mit allen vieren zugleich vom Boden auf und tat mit dem Kopf einen gewaltigen Schlenker, sodass es mich fast auf den Rücken geworfen hätte. Der Yak scharrte mit den Klauen auf dem gefrorenen Boden, schüttelte unwillig den riesigen Kopf, senkte ihn und stürmte auf mich los. Ich konnte gerade noch die naheliegende Hütte erreichen, drückte die Holztür hinter mir zu und verschnaufte. Durch ein kleines Fenster beobachtete ich, wie die beiden Männer mit Mühe das Tier beruhigten und es schließlich entluden. Yaks haben alle einen Namen, ihren Eigenschaften entsprechend. *Maale* zum Beispiel heißt ein Yak, dessen Kopf weißhaarig ist, und *Taare* ein Yak, der einen weißen Fleck an der Stirn trägt. Und *Tikhe* heißt ein Yak, dessen Hörner besonders scharf sind. Um einen solchen musste es sich bei meinem Freund handeln.

Endlos war der Nachmittag. Ich litt Hunger und spürte doch Abneigung gegen das, was dieser Ort mir bot. Eine Zeitlang war ich um das Feuer der Hütte gesessen, hatte die Kartoffeln verschmäht, die man mir anbot, und den Tschang, den man mir reichte. Draußen konnte ich noch immer den zornigen Yak grunzen hören. Er schien mir zuzurufen: Komm heraus, du Feigling. Hin und her vor der Tür trabte das mächtige Tier, offensichtlich darauf wartend, dass sie sich öffnete, und ich musste mir meinen Wunsch verkneifen, die Blase zu erleichtern. Es schneite noch immer.

Die Hausfrau trank mit einem Besucher aus einem anderen Haus selbstgebrannten Rakhsi. Der Gast zeigte sich von seiner besten Seite. Der Ehemann der Frau war auf Expedition, wie mir Salami Dawa zuflüsterte. Der Besucher fing bald an, langsamer zu sprechen und verstohlen nach dem Knie der Frau zu greifen. Sie lachten viel. Dawa bemühte sich, nicht hinzusehen. Die Frau schenkte dem Besucher immer wieder nach. „*Che, che* – Trink, trink!", forderte sie ihn immer wieder auf. Wie bei uns zu Hause, dachte ich mir: Mit Alkohol der unbekannten Gesinnung des Besuchers auf die Spur kommen.

So saß ich am Feuer und lauschte dem Gemurmel der Sherpas. Wie ein Hund saß ich da und starrte in die Flammen und erkannte am Tonfall und einigen Wörtern, die ich aus dem Nepali beherrschte, wenn man über mich sprach. Ein besonders kalter Windstoß drang durch die Ritzen des Hauses und stand wie ein flüchtiger Hauch im Raum. Für einen Moment setzte die Unterhaltung aus. Vor der Tür hörten wir den Yak grunzen. Salami Dawa hatte unsere Schlafmatten in einer Ecke der Hütte ausgerollt. Er schien schon zu schlafen. Das Gemurmel am Feuer war leiser geworden.

Ich wollte vor dem Einschlafen noch urinieren und wagte mich nicht ins Freie, weil ich den Yak immer noch auf mich warten hörte. Er patrouillierte vor der Tür auf und ab, auf und ab. Dabei grunzte er immer noch unwillig. Ich neigte mich aus dem Schlafsack zur Seite und führte mein Wasser dem Lehmboden zu, sorgfältig den Gesprächen der Umgebenden lauschend, die eigenen Geräusche so gut wie möglich unterdrückend.

Das Feuer war klein geworden. Der Besucher hatte den letzten Rakhsi ausgetrunken. Abrupt stand er auf. Leicht schwankend, warf er seinen Schatten über mich und den schlafenden Dawa. In schneller Folge sprach er einige Sätze, die von der Gastgeberin in leisem Tonfall erwidert wurden. Sie haben sich nicht verständigt, dachte ich mir. Wie jeder Wunsch nach Integration illusorisch ist, so sann ich weiter, als der Besucher schon auf der Schwelle der Hütte stand, deren grob gehackte Holztür sich in das Dunkel der Nacht öffnete.

PASANG GYALZEN UND DAS YAKHERZ

Am nächsten Tag erreichten wir Gokyo. Diese Alm liegt auf viertausendachthundert Metern am Ufer eines malerischen Sees. Wenn man diesen See passiert, erklärte mir Dawa, und er hat eine türkise Farbe, dann ist man ein guter Mensch. Nimmt der See jedoch eine schwarze Farbe an, dann ist die Seele des Besuchers ebenso schwarz.

Gottlob war der See türkis, und wir machten es uns in der Almhütte von Pasang Phuti gemütlich. Mein spezieller Yakfreund hatte mich den ganzen Tag im Auge behalten, und ich hielt es für ratsam, einen Sicherheitsabstand von dreißig Metern einzuhalten.

„Ist dieses Tier normal?", fragte ich Dawa und wies mit dem Kinn nach draußen, während wir jeder eine Schale Tschang in Händen hielten.

„Du hättest ihn bei beiden Hörnern halten sollen", antwortete Dawa. „Aber so hatte er keinen Respekt vor dir."

„Hätte ich wissen müssen." Ich erinnerte mich meiner Kindheit auf unserem Bauernhof.

„Aber du warst schnell. Und du hattest Glück."

„Ja", sagte ich.

„Da könnte ich dir ganz andere Geschichten erzählen."

„Erzähl!"

Salami tat einen tiefen Schluck aus der Tschangschale, dann nestelte er zwei Zigaretten aus seiner Windjacke, und wir entzündeten sie. Er inhalierte den ersten Zug und schloss dabei für einen Moment die Augen.

Pasang Gyalzen wurde im Jahr 1963 in Chaplung, Chaurikharka V. D. C. geboren. Er arbeitete im Trekkinggeschäft als Träger im Solo Khumbu. Später stieg er zum Küchenjungen auf und schließlich zum Supporter Guide (Assistant Sirdar). Dann arbeitete er für einige kleinere Trekkingunternehmen wie Glacier Dome Trekking und RECEL Trekking. Schließlich heiratete er die Frau seines Bruders, weil dieser für ständig in den USA lebte und nicht die Absicht zeigte, zurückzukommen.

Dafür war keine offizielle Scheidung nötig und auch kein Lama-Ritual. Schließlich würde ja sein Bruder nie mehr zurückkommen. So lebten die beiden also ganz schlicht als Mann und Frau zusammen.

Der Name der Frau war Ang Maya Sherpa. Schon vor der Verheiratung mit Pasang Gyalzen besaß sie ein kleines Restaurant in Naxal, einem Bezirk von Kathmandu. Der Name des Restaurants war Maya Restaurant. Maya hatte einen jüngeren Bruder, der etwas gebildeter war, für einige Jahre hatte er eine Schule besucht und Lesen und Schreiben gelernt.

Eines Tages bekam Pasang Gyalzen die Gelegenheit, für Malla Trek zu führen. Er nahm Mayas Bruder Phurba Sherpa als Assistenz Manager mit. Phurba Sherpa war sehr glücklich über seinen Schwager, der ihm diese Chance bot. Zusammen waren sie oft in Mayas Restaurant. Auch Sundare verweilte oft dort, einmal für ein halbes Jahr („only for drinking and sleeping", wie Salami Dawa erzählte). Manchmal tätigte Sundare auch den Einkauf für sie, aber wenn sie ihm fünfhundert Rupien mitgaben, vertrank er davon fünfzig. Dann aber schimpfte Ang Maya mit ihm. Pasang Gyalzen war damals Senior Sirdar bei Malla Trek (das heißt, er musste sich nicht wie die anderen auf einer Warteliste für Touristengruppen einreihen, er konnte sich jede beliebige Gruppe, die ankam, als Führer nehmen).

Almhütte im Gokyo (ca. 4750 m)

So kam es, dass Pasang Gyalzen immer die größten und besten Gruppen auswählen konnte, um mit ihnen auf Trek zu gehen.

Eines Tages hatten sie zehn Yaks, die für sie von Namche nach Dingboche die Lasten trugen. Am nächsten Morgen war einer der Yaks schon beladen, aber er war sehr unruhig und störrisch. Pasang Gyalzen wollte den Yak bei einem Horn mit der linken Hand halten, aber der Yak riss sich sofort los und durchbohrte Pasang Gyalzens Bauch und wirbelte ihn auf dem Horn etwa zehn Mal im Kreis, bis er ihn losließ, und der arme Pasang Gyalzen fünf Meter entfernt zum Liegen kam. Er starb fast augenblicklich.

Der Yak-Besitzer war unendlich bestürzt und wiederholte immer nur, dass er nicht glauben könne, dass sein Yak jemals so etwas tun würde, er könne die Welt nicht mehr verstehen, und nach und nach kamen fünfzig oder sechzig Leute, um zu sehen, was hier passiert war, sahen den Leichnam von Pasang Gyalzen und fingen an, den Yaktreiber zu beschimpfen. Einige rannten sogar zum Polizeiposten von Namche Bazar, um den Vorfall anzuzeigen. Nun entschied sich der Yaktreiber, den Yak zu töten. Der Yak stammte von Phortse. Normalerweise ist es streng verboten, oberhalb von Namche ein Tier zu töten, denn das ist Sherpa- und damit Buddhistenland. Aber dies hier war eine Ausnahme.

Der Vorfall sollte die Dorfgemeinschaft durch die dünne Schicht des Buddhismus brechen und die dunklen, tiefen Gewässer ihrer animistischen Vor-Vorfahren zu Tage kommen lassen.

So banden sie dem Yak die Vorderfüße zusammen und schlugen ihm mit einer *Bancharo* (Axt) auf den Kopf, bis er starb. Dann trugen sie das Fleisch in das Haus des Yaktreibers, um es dort zu trocknen. Das Herz aber beschlossen sie, gemeinsam zu essen, denn dieser Yak musste etwas Besonderes sein. Phortse besteht aus fünfzig Häusern, und man teilte das Herz in fünfzig gleich große Stücke, sodass ein jedes Haus und damit jede Familie ihren Anteil erhielt. Yakherzen sind sehr groß, und es reichte für die Anzahl von Häusern aus. So kochten die Leute das Herz und aßen es auf. Darüber beruhigten sie sich und sprachen nicht mehr über den Vorfall, denn die Kraft des Yaks war nun in sie selbst übergegangen.

ANG NURI, DER BÄRENMENSCH

Der Jäger, welcher mit einem bestimmten Tier auf Leben und Tod gekämpft hat, nimmt dessen Seele und inneren Ausdruck und damit auch dessen Gesichtsausdruck an. So überliefert es jedenfalls ein Indianerstamm aus dem späteren Virginia, wenn ich mich recht erinnere. Und ich kann diese Überzeugung nur teilen, weil ich ihre Auswirkungen einmal erlebt habe. Doch handelt es sich bei der folgenden Geschichte nicht um einen Indianer, sondern um einen Sherpa, und nicht um einen Grizzly-, sondern einen Himalaya-Schwarzbären.

Denn die Geschichte spielt im Solo Khumbu, der Heimat der Sherpas.

Der Himalaya-Schwarzbär ist unter anderem für seine ungewöhnlichen Jagdmethoden bekannt. So lässt er sich gelegentlich oberhalb einer Gruppe von Hirschen zusammengekugelt durch den Tiefschnee nach unten rollen. Durch seine borstigen Haare ist er dann über und über mit Schnee bedeckt, und die Hirsche glauben, es handele sich bei dieser Kugel nur um eine kleine Lawine. Hat er Appetit auf einen Wasserbüffel, so bricht er ihm das Genick. Auch berichteten meine Sherpas, dass der Schwarzbär immer mit abgewandtem Kopf kämpft. Es scheint nämlich seine Spezialität zu sein, mit seinen langen Krallen den Gegner im Gesicht und den Augen zu verletzen.

Ich hatte Jahre vorher einmal zwei Exemplare dieses Tieres im Zoo von Gangtok beobachtet, wie sie mithilfe ihrer langen Krallen die Bäume hinaufkletterten. Mit solchen Burschen, das sah ich, ist nicht gut Kirschen essen.

Ich führte eine Gruppe von fünfzehn Bergsteigern auf einen

sechstausendsechshundert Meter hohen Berg. Damals gab es auf dem Weg zu diesem Berg hin nur wenige Unterkünfte, und es war notwendig, dreihundertfünfzig Liter Kerosin zum Kochen und die entsprechenden Lebensmittel und Zelte mitzutragen. So war unsere Begleitmannschaft auf neunundsiebzig Personen angewachsen. Sogar einen eigenen Koch für die Träger hatten wir dabei, um für sie ihr bevorzugtes Essen, das *Dal Bhat*, zuzubereiten zu lassen. Einer unserer Träger trug einzig und alleine die Eier, ein anderer das Gemüse, einige andere den Reis, wiederum ein anderer die Kartoffeln und so weiter und so fort, in der Rangordnung bis hinauf zu den *Climbing Sherpa*, die nur ihre eigene Ausrüstung trugen. Denn deren Arbeit begann erst am Fuße des Berges.

Dort kehrten nämlich die restlichen Träger um und warteten auf der darunterliegenden Alm, bis die Bergsteiger vom Gipfel zurückkämen und sie wiederum die restliche Ausrüstung zurück zum Ausgangspunkt zu tragen hatten, von dem aus man nach Kathmandu zurückfliegen würde.

Damals war der Kleine Pasang unser Sirdar, und ihm war es auch oblegen, die Träger und Sherpagruppe auszuwählen.

Es ist hochinteressant und durchaus exotisch, bei einem solchen Auswahlverfahren dabei zu sein. Der Sirdar nämlich hat schon Wochen, bevor die Bergsteiger aus Europa oder USA oder einem anderen Teil der Welt in Kathmandu eintreffen, einen Boten in eine ländliche Gegend geschickt, mit einer Nachricht an den *Head Porter*, dass man soundso viele *Porters* und *Kitchen Boys*, aber auch *Mailrunner* brauche. Denn damals gab es ja auch noch kein Satellitentelefon, und die Aufgabe der Mailrunner war, die abgehende Post vom Basislager nach Kathmandu zu bringen, und die ankommende umgekehrt von Kathmandu ins Basislager, aber auch, bei einem Notfall die nächstgelegene Funkstation anzulaufen, von der aus man einen Hubschrauber verständigen konnte.

Der *Head Porter* hat also bereits geeignete Kandidaten aus seinem Heimatdorf und den Nachbardörfern ausgesucht und sie gebeten, zum vereinbarten Treffpunkt zu kommen, wenn der *Sirdar* eintrifft. Es sind fast ausschließlich Bauern, die sich auf diese Weise ein Zubrot zu ihren landwirtschaftlichen Erträgen verdienen wollen, und oft handelt es sich auch zugleich um die Verwandten des Head Porter, denn diese Jobs sind begehrt. Wenn ein Träger tüchtig ist (und das sind sie fast alle), dann kann er mit dem Verdienst von drei oder vier Wochen Arbeit durchaus das Dreifache oder Vierfache eines Polizisten oder Lehrers mit nach Hause nehmen, inklusive dem Trinkgeld, und sich davon eine Kuh kaufen und mit dem restlichen Geld für einige Monate in dieser beinahe bargeldlosen Gesellschaft sein Auslangen finden.

Nun ist er also da, der Sirdar, der es als einer der ihren bis nach dem fernen Kathmandu geschafft hat, und begutachtet die Kandidaten. Ein Schlurf oder lange Haare sind nicht gerne gesehen, denn sie weisen auf ein lodderiges Leben hin oder gar auf eine Betätigung als Zuhälter oder Drogenhändler.

Ende der Achtzigerjahre war ich einmal Zeuge einer Polizeikampagne gewesen. Die Behörde war überzeugt, dass in Kathmandu alle jungen Männer mit Stiefeln, Jeans, einem Schlurf und/oder Lederjacke Böses im Schilde führten. Auch Sonnenbrillen waren ein Indiz für unsaubere Geschäfte.

Man fing also in einer konzertierten Aktion alle diese jungen Männer ein und brachte sie zum Friseur, wo sie unter Polizeiaufsicht einen Kurzhaarschnitt erhielten. Vor dem Friseursalon entließ man sie dann ohne Weiteres, jedoch nicht ohne ihnen noch gute Ermahnungen mit auf den Weg zu geben. Auf solche Weise war man überzeugt, die jungen Männer wieder auf den rechten Weg gebracht zu haben.

86

Auch Pasang, unserem Sirdar, sowie dem Head Porter, waren diese Regeln heilig. Jedoch gewährten sie damals gleich am Beginn einer langen Reihe von Wartenden eine erste Ausnahme: Der Träger hatte nur einen Arm, aber schulterlange Haare. Er war als Zweijähriger zu Hause ausgerutscht und in das Herdfeuer gefallen, worauf man ihm den rechten Arm amputieren musste. Bei ihm würde man auch die langen Haare akzeptieren, denn Mitgefühl und Solidarität sind eine der Stärken der Sherpas.

So ging Pasang mit dem Head Porter die lange Reihe der Anwärter durch. Nicht alle waren sie Sherpa, sondern entstammten verschiedenen Ethnien. Da sah man *Tamang, Rai, Limbu, Gurung*, und auch junge Frauen waren darunter. Als einer der letzten stand, still und bescheiden, der Bärenmann. Er war etwa vierzig Jahre alt. Über die rechte Gesichtshälfte zog sich eine große Narbe von oben nach unten, und auch das rechte Auge fehlte. Er hatte eine starke Ausstrahlung, sein Gesicht erinnerte mich in seinem Ausdruck an einen Bären.

Auch er wurde genommen, ebenso wie einige der jungen Frauen.

Wenig später, als ich mit Pasang allein war, erzählte er mir, was dem Mann zugestoßen war.

Er hatte sich von seinem Dorf Salleri aufgemacht, um auf einem entlegenen Feld kleine Sträucher zu schneiden, die er als Einstreu für seine Kühe verwenden wollte. Während seiner Arbeit hörte er ein Knurren und Brummen, das ihn nicht weiter störte.

„Du musst wissen, Rudi Sir", sagte Pasang, „dieser Mann ist heute immer noch der Stärkste unserer ganzen Truppe. Doch damals, vor dem Zusammenstoß mit dem Bären, war er noch viel stärker." Er dachte sich, es muss irgendein kleineres Tier sein, das da im Dickicht brummte, und ließ sich nicht stören und ging weiter seiner Arbeit nach. Doch plötzlich brach ein ausgewachsener Bär aus dem Bambus und griff ihn an. Der Bärenmensch richtete nun sein *Khukri*, ein gebogenes Messer, das er bis jetzt zum Schneiden der Sträucher verwendet hatte, gegen den Bären, und ein wilder Kampf entbrannte. Nach etwa einer Stunde des Kampfes wurde der Bärenmensch etwas müde und für einen Augenblick unaufmerksam. Da erwischte ihn der Bär mit einer Tatze und riss ihm das halbe Gesicht und das Auge weg. Ob er den Bären tötete oder der Bär das Weite suchte, weiß ich nicht. Jedenfalls war Ang Nuri zur Dunkelheit noch nicht zu Hause, und die Familie und die Dörfler machten sich auf die Suche nach ihm. Sie fanden ihn, brachten ihn ins Dorf und bastelten eine Tragbahre. Daraufhin trugen ihn die Männer von Salleri aus über die Pässe in fünf Tagen nach Jiri und fuhren mit ihm in einer fünfzehnstündigen Fahrt mit dem öffentlichen Bus nach Kathmandu, wo man ihn medizinisch versorgte.

„Passiert das oft, dass ein Bär einen Menschen angreift?", fragte ich Pasang.

„Nicht oft, Rudi Sir", sagte Pasang. „Aber diesen Bären hatte zwei Tage vorher ein Bauer aus dem Dorf angeschossen, als er sich gerade an den Maiskolben seines Feldes gütlich tat. So hatte er sich verletzt in das Unterholz zurückgezogen und war auf die Menschen nicht mehr gut zu sprechen."

Wie sich erweisen sollte, war der Bärenmensch wirklich noch immer der Stärkste von allen. Er trug freiwillig zwei Lasten mit einem Gewicht von siebzig Kilogramm, während er selbst etwa sechzig Kilogramm schwer sein mochte. Wir überschritten den viertausendfünfhundert Meter hohen Zatr La und erreichten nach fünf Tagen Khare. Nach einem Rasttag brachen wir zum Hochlager auf. Dafür mussten wir den Mera La überschreiten. Der Pass ist etwa fünftausendvierhundert Meter hoch, und es war an diesem Tag neblig und dunstig. Ich bemerkte, dass einige Träger ihre Sonnenbrillen abnahmen, und wir brachten sie dazu, sie wieder aufzusetzen, da doch der Nebel die Strahlkraft des Gletschers noch verstärkte. Im Hochlager verließen uns die Träger, um nach Khare zu den Almhütten abzusteigen. Auch Ang Nuri hatte seine Last bis hierher auf fast sechstausend Meter geschleppt und war als einer der Ersten angekommen.

Am nächsten Tag bestiegen wir den Gipfel und stiegen sogleich wieder nach Khare ab, das auf fünftausend Metern Höhe liegt. Müde und sonnenverbrannt saßen wir auf einer Bank vor einer Almhütte und nippten an einem Bier. Pasang, unser Sirdar, der mit uns auf dem Gipfel gewesen war, war für einige Zeit verschwunden und tauchte nun aus dem Dunkel einer Almhütte wieder auf. Er stand eine Weile unentschlossen neben mir, und ich fragte ihn, ob alles in Ordnung sei. „Nur ein kleines Problem, Rudi Sir", sagte er.

Er führte mich in die nächstgelegene Almhütte. Im Halbdunkel des Raumes erkannte ich, auf einer Steinbank liegend, Ang Nuri, den Bärenmenschen. Er hatte sein Auge geschlossen und gab keinen Laut von sich.

„Er kann nichts sehen, er ist blind", sagte Pasang.

„Wie konnte das passieren?"

„Er hat beim Abstieg über den Mera La seine Brille abgenommen", sagte Pasang. „Er hat ja nur mehr ein Auge. Und jetzt fürchtet er, für immer blind zu bleiben."

Der Bärenmensch murmelte eine Bemerkung.

Ich holte meinen Medizinkoffer, setzte mich auf die Bettkante und sagte ihm, dass er sich entspannen sollte. Ich brachte ihm Dexagenta-Augensalbe in den Bindehautsack ein, und als ich mit der Prozedur fertig war und die Salbe noch mit dem Finger unter dem Lid verteilte, war Ang Nuri eingeschlafen.

KAPA GYALZEN UND DIE
KOSMISCHE HÖHENSTRAHLUNG

Als ich Ende der Achtzigerjahre begann, mich mit den Ursachen der Klimaerwärmung zu beschäftigen, konnte ich nicht ahnen, dass mich die Spur bis zur Lebenserwartung der Sherpas führen sollte.

Es war etwa im Jahre 1987, als ich fühlte, dass sich die Kraft der Sonne verändert hatte, wenn ich im Gebirge unterwegs war. Nach einem langen Tag in den Bergen litt ich manches Mal unter leichten Kopfschmerzen, auch Übelkeit und die während einer längeren Überschreitung der Sonne zugewandte Seite des Körpers war sonnenverbrannt. Wenn man seit seinem fünften Lebensjahr in den Bergen unterwegs war, waren das nach über dreißig Jahren ohne Sonnenbrand bestürzende Erkenntnisse, und meine Gespräche mit den Hüttenwirten im Karwendel bestätigten mir, dass ich mit meiner Wahrnehmung nicht allein war.

Die Klimaveränderung begann spürbar zu werden. Wie so viele andere schob ich die alleinige Schuld der Umweltverschmutzung und damit mir selbst und uns Menschen zu.

Obwohl ich selbst aus einer Unternehmerfamilie kam, verkaufte ich also mein Auto, las fleißig die Aussendungen von Greenpeace, wählte die Grünen und wurde Vegetarier, auch weil einmal während eines Wochenendes eine Kuh, die in einer nahen Metzgerei angebunden war, um Hilfe gerufen hatte. Auch die Fernreisen wurden gestrichen. So vergingen in einer Art hilfloser Agonie ein oder zwei Jahre, eine Zeit in Sack und Asche – bis ich mich entschloss, meiner Neugier nachzugeben und, so gut ich konnte, den Ursachen dieses offensichtlich angebrochenen Klimawechsels auf die Schliche zu kommen.

Meine Neugier führte mich zu einem Gletscher in der Schweiz, genauer dem Jungfrau-Gletscher, und im Gefolge dieser Recherchen entstand auch ein Buch, *das Kriegsloch.*

Sehr bald stellte sich heraus, dass es verschiedene Lager gab, was die Ansichten zum Klimawandel betraf. Dem leidenschaftlichsten Lager gehörten zweifelsfrei die Greenpeacianer an. Ihre hehren Ziele waren unbestritten, aber meine uneingeschränkte Anhängerschaft verloren sie, als sie einmal in einer Aussendung die Gletscherstände von 1855 in Hellblau, und, die krasse Schrumpfung unterstreichend, die Gletscherstände von 1995 in dramatischem Dunkelblau darübergelegt hatten.

Dazu muss man wissen, dass es in den 1850er-Jahren einen schlagartigen, nicht erklärbaren Zuwachs der Alpengletscher gegeben hatte. Einem Bauern auf einer Alm oberhalb von Bormio war in diesen zwei oder drei Jahren mitten auf seinen Wiesen sogar ein Gletscher gewachsen. Er hatte fünfundzwanzig Männer hinaufgeschickt, um den Schnee wegzuschaufeln, aber umsonst, zwei Jahre später war der Gletscher schon zwei Kilometer lang gewesen.

Der Weg führte mich einige Male auf die Universität von Bern, und die Gespräche mit Professor Debrunner, einem angenehmen, sachlichen, sehr gescheiten Mann, zeigten mir, dass es – obzwar in der Öffentlichkeit weniger bekannt – Forschergruppen gab, die das Weltklimamodell im CERN in Genf nachgebaut und damit nachgewiesen hatten, dass die Klimaveränderung in der Hauptsache auf die Zunahme der kosmischen Höhenstrahlung zurückzuführen sei.

Diese Erkenntnis trug ein Wesentliches zu meinem verbesserten Wohlbefinden bei, denn genauso wie Millionen andere, in Schule und Internat von klein auf zu Schuldgefühlen erzogen, war ich nur allzu sehr bereit gewesen, den Klimawandel einzig und allein auf meinen inzwischen wieder vor der Haustür friedlich parkenden Kleinwagen zurückzuführen.

Bei der kosmischen Höhenstrahlung handelt es sich um radioaktive Teilchen, die aus einer der Milchstraßen kommen und zu einem Teil vom Magnetgitternetz der Erde angezogen werden. Entdeckt wurde sie von dem Physiker Viktor Franz Hess, der an der Universität Innsbruck lehrte. Hess konnte damals, vor über hundert Jahren, die Strahlung sogar auf dem Grunde des Bodensees nachweisen, in über dreihundert Metern Wassertiefe. Diese atomaren Teilchen durchdringen alles und regelmäßig, eine Sekunde pro Teilchen und Quadratzentimeter, und sind also für den organischen Zerfall verantwortlich und letztlich für unseren Tod. Je höher man hinaufkommt, desto intensiver ist die Strahlung. Mit dem bei Professor Peter Brunner im Institut für Radiochemie in Innsbruck geliehenen Messgerät konnte ich jedes Mal zusehen, wie die Strahlung stieg, wenn ich mit der Seilbahn auf das Hafelekar fuhr.

Maßgebliche Forschergruppen hatten also diese Sonnenprotuberanzen als Verschulder der Klimaerwärmung ausgemacht. Und weil die Wahrheit, so dachte ich mir, wie immer in der Mitte liegt, würden wir selbst schon auch mit unserem Verhalten dazu beitragen. Denn schließlich richten wir Menschen augenblicklich Schäden an, sobald wir auf die Welt gekommen sind, nur um diese Schäden dann umgehend wiedergutzumachen zu versuchen. Das ganze Chaos des Lebens besteht ja in Wahrheit darin, wieder Ordnung ins Chaos zu bringen.

Gokyo-See, im Hintergrund die Berge um den Thamserku

Nach diesen Jahren des Nachforschens und Grübelns war ich nun endlich der Gemüseplatten in den Gasthäusern und des Fahrens mit öffentlichen Verkehrsmitteln, die einem die meisten Skitouren verunmöglichten, überdrüssig, bestieg bald darauf wieder ein Flugzeug und landete mit mäßig schlechtem Gewissen und bester Laune in Nepal.

Auf dem Anmarsch zu einem großen Berg war ich Kapa Gyalzen und seiner Familie, lange vor dieser Zeit, zusammen mit Wolfgang Nairz, meinem alten Freund und Himalaya-Mentor, zum ersten Mal begegnet. Damals war Kapa Mitte dreißig gewesen. Wir waren in seinem Haus zu Gast und saßen um das Herdfeuer. Wir aßen *Alu, Nun, Forsani* (Kartoffeln, Salz und Chili) und tranken dazu *Dong Tschang*, das hausgemachte Bier aus gegorenem Reis, versehen mit sieben Gewürzen (inklusive Hefe), das Kapa eigens für uns eine Woche länger hatte gären lassen.

Kapa Gyalzen (*kapa* heißt Maler), genau genommen Kapa Gyalzen Sherpa, war der Sohn von Kapa Kalden, einem seinerseits schon berühmten Sherpamaler, der als Erster (wenn die Erzählungen stimmten) mit seinen Bildern aus der Tradition der religiösen Malerei ausgebrochen war und neue Wege beschritt, indem er Landschaften, Berge, Tiere und Menschen malte. Bis dahin war die Kunst im Sherpaland ausschließlich sakraler Natur gewesen, eine Tatsache, die sich mit der Situation der Malerei des ausgehenden Mittelalters in Europa deckt.

Kapa (so nannten wir ihn immer) übte streng angelegte perspektivische Formen. Als ich einmal mit der Malerin Maria Peters zu Besuch war, weihte er uns in sein Betriebsgeheimnis ein und erklärte uns bei einem tibetischen Buttertee, wie er seine Leinwände grundierte: Er kochte Knochenleim und

Kreide und mischte Honig dazu, weil er ja mit Wasserfarben malte und sich damit eine bessere Bindung ergab.

Maria, die nicht nur Malerin, sondern auch gelernte Restauratorin ist, erklärte ihm, dass man bei uns im Mittelalter in der Buchmalerei ebenso mit Zuckerwasser gearbeitet hatte, weil der Zucker Glukose enthält und damit die Bindung verbessert. Kapa hatte zu ihren Ausführungen befriedigt genickt und uns dann zu Yangli, seiner Frau, in die Küche gescheucht. Und Yangli hatte uns einen Sherpa-Pfannkuchen gebraten und ordentlich mit *Forsani* (Chili) gewürzt, während Kapa noch ein Bild fertig malte.

In seinem kleinen Häuschen etwas oberhalb von Khumjung, an dem die buntesten Gebetsfahnen des ganzen Ortes wehten, arbeitete er in seinem winzigen Atelier. Denn Kapa war, sogar für einen Sherpa, sehr klein gewachsen: Goethe mit seinen wahrscheinlich hundertsechsundfünfzig Zentimetern hätte ihn überragt. Doch ebenso wie Goethe war auch Kapa in seinem Reich ein Fürst.

Im Schneidersitz saß er auf seiner überhöhten Bank, eine Schale Tee neben sich, die regelmäßig von Yangli, seiner Frau, nachgefüllt wurde, und zauberte seine Miniaturlandschaften mit seinen Miniaturyaks und Miniaturmenschen auf die Leinwand. Die ganze riesenhafte Umgebung seines Ortes, vom Mount Everest bis zum Kang Taiga, die Überpracht der Täler und Schluchten und den alles überspannenden Himmel, all dies verdichtete Kapa in der Geborgenheit seiner Kammer auf eine Leinwand, die kaum größer als ein Taschentuch war.

Kapa war auf seine Weise eine Berühmtheit. In seinen guten Jahren war er nach Europa eingeladen worden, und ich erinnerte mich, wie wir mit ihm in den Zirkus gingen und seine Augen leuchteten, während in der Manege drunten der Dompteur die Pferde im Kreis laufen ließ und die Elefanten und die Tiger ihre Kunststückchen darbrachten. Auch hatte damals ein berühmter Bergsteiger ein Buch über ihn geschrieben.

Aber jetzt, mit Anfang fünfzig, fingen seine Hände langsam zu zittern an und brachten seine Miniaturen nicht mehr in der gewohnten Genauigkeit auf die Leinwand, und die Sehkraft seiner Augen ließ nach. So ließ auch der Strom der Besucher nach, und er verkaufte kaum mehr ein Bild. Als ich in diesen Tagen einmal bei ihm war, erstand ich trotzdem ein Bild, und ich sah die breiten, unsicheren Pinselstriche und sah den Anfang vom Ende und ahnte von seiner beginnenden Einsamkeit, und auch Kapa ahnte, dass ich es ahnte, aber es war immer noch Yangli im Haus und die zwei Mädchen und *Alu* und *Nun* und *Forsani* und der *Dong Tschang* und das tröstliche Herdfeuer. Aber Kapas Augenhöhlen waren irgendwie dreieckig geworden und zeigten viele kleine Falten, und die Hände wollten nicht zu zittern aufhören, auch wenn er nicht arbeitete.

Und ich erinnerte mich des freundlichen Chemikers Peter Brunner und einiger Ärzte aus dem Freundeskreis, die mir die kosmische Höhenstrahlung erklärt hatten: Atomare Teilchen, die aus einer der Milchstraßen fallen und durch das Magnetgitterwerk der Erde angezogen werden und alles durchdringen und sogar auf dem Grund des Bodensees in dreihundert Metern Wassertiefe nachgewiesen wurden und mit der Zunahme der Meereshöhe stärker sind. Sie sind für die organische Zersetzung verantwortlich, hatte Peter Brunner gesagt, und nicht nur Berufspiloten, sondern auch die Bewohner großer Höhen seien einer stärkeren Strahlung ausgesetzt.

Bei meinem nächsten Besuch zwei Jahre später hatten die Mädchen geheiratet und waren nicht mehr da und zu ihren

Männern in die Nachbardörfer gezogen, und einige Leute in Khumjung erzählten mir, dass Kapa zu trinken begonnen hatte und manchmal seine Frau schlug. Aber Yangli war immer noch bei ihm, und das Herdfeuer brannte wie früher, und alles war beinahe so, wie es immer gewesen war. Aus seinen Altbeständen durfte ich noch ein Bild erstehen, und er hatte ja noch seinen kleinen Kartoffelacker und vielleicht etwas Erspartes und seinen selbstgemachten Tschang.

Bei meinem nächsten Besuch, wieder ein Jahr später, dauerte es lange, bis auf mein Klopfen die Tür des kleinen Hauses geöffnet wurde, und Yangli war nicht mehr da, und Kapa saß alleine am kalten Herd. Er hatte eine Schale Tschang vor sich stehen, obwohl es erst Vormittag war, und wenn er sie zum Trinken aufhob, dann zitterten seine Hände, und jedes Mal verschüttete er ein wenig auf den Boden. Hier herinnen hatte lange Zeit niemand mehr aufgeräumt oder den Boden gewischt, und ich setzte mich stumm neben meinen alten Freund.

Ich gedachte der glücklichen Abende, an denen wir um das Herdfeuer gesessen waren, gemeinsam mit der ganzen Familie, und dann unser Tschang-Räuschchen auf der breiten Sherpabank mit den weichen Tibeterteppichen ausschliefen, bis die aufgehende Sonne die Spitzen der gegenüberliegenden Berge Kang Taiga und Tnamserku aus dem Dunkel löste.

Ich sagte vorsichtig: „Kapa, draußen scheint die Sonne. Komm, lass uns hinausgehen und hinüber nach Khunde zum Doktor."

„Warum sollte ich nach Khunde zum Doktor?"

Ich gab mir einen Ruck. Dann hörte ich mich leise und bestimmt sagen: „Vielleicht kann er dir doch helfen. Mit Medizin."

Kapa schwieg. Dann sagte er, indem er auf seine Tschangschale wies: „Das ist meine Medizin!"

So blieb auch mir nichts anderes übrig, als zu schweigen, und wir saßen lange und redeten kein Wort. Als Kapa schließlich einmal austreten musste, nahm ich einige Rupienscheine, faltete sie und legte sie etwas versteckt auf den Hausaltar und war mir zugleich meines erbärmlichen Verhaltens bewusst. Dann verabschiedete ich mich von Kapa und trat ins Sonnenlicht. Vielleicht war alles gut, weil es so sein und seinen Lauf nehmen musste, die Höhenstrahlung und alles um uns herum und in uns drinnen, und alles gut war.

NIMA DORJEE
UND DER WASSERBÜFFEL

Nima und ich hatten beschlossen, in diesem Frühjahr nur eine leichte Wanderung, die nicht höher als fünftausend Meter führen würde, in einem entlegenen Teil des Himalaya zu unternehmen. Denn im Jahr zuvor – wir schrieben das Jahr 1992 – war auf den Philippinen der Pinatubo ausgebrochen, und nicht nur kehrte in der Folge ein jeder Flugkapitän mit einem rußigen Flieger aus Südostasien zurück, nein, es schneite auch immer wieder an den Südabhängen des Himalaya bis zu den Bananenstauden herunter.

Wir starteten von Lukla aus. Dieser Tage war Lukla geprägt vom geschäftigen Treiben in Vorbereitung zu den Vierzig-Jahr-Feiern der Erstbesteigung des Everest. Man erwartete stündlich den Erstbesteiger Sir Edmund Hillary als Festgast, und auch sein damaliger Expeditionsleiter Lord Hunt, inzwischen dreiundachtzig Jahre alt, sollte mit seiner gleichaltrigen Frau den Anmarsch von Jiri aus, über drei Pässe von dreitausend Metern, noch bewältigen.

Nima Dorjee war ein zweiundzwanzigjähriger Sherpa aus Chaurikharka, einem kleinen Dorf hinter Lukla. *Nima* oder *Nyima* kommt aus dem Tibetischen und bezeichnet den Sonnengott. Nach ihm ist der erste Tag der Woche benannt, und das ist in Nepal der Sonntag. Also war Nima ein Sonntagskind. Dorjee heißt Glück. Zur Verstärkung hatte man ihm den zweiten Vornamen gegeben als günstiges Omen für die Zukunft. Hätte Nima Dorjee jemals einen Reisepass besessen, so wäre als Nachname Sherpa dringestanden, denn in Nepal sind die

Nachnamen gleichbedeutend mit der ethnischen Zugehörigkeit (und somit auch zur Kaste).

Nicht nur er, sondern seine gesamte Familie war im Tal dafür bekannt, einen vertrauten, manches Mal vielleicht zu vertrauten Umgang mit Alkohol zu pflegen. Nima hatte niemals Lesen und Schreiben gelernt, war jedoch witzig und intelligent im Umgang mit anderen, was ihn aber nicht davon abhielt, jedes Mal, wenn ich ihm Geld für ein halbes Jahr Schule und Aufenthalt in Kathmandu hinterließ, diesen Betrag vollständig zu versaufen.

Ich bemerkte das zum ersten Mal, als ich zwei oder drei Monate nach meiner Heimkehr einen Brief bekam, mit dem Poststempel von Kathmandu, einen Brief, an dessen Handschrift ich sofort merkte, dass sie nie und nimmer von Nima Dorjee stammen konnte.

Es musste Nima gelungen sein, irgendeine junge Amerikanerin für seine Zwecke einzuspannen, ihre Handschrift für die seine auszugeben, um in hochlöblichen Worten die segnungsvollen Wirkungen meines Bildungszuschusses und die bemerkenswertesten Fortschritte im Handwerk des Lesens und des Schreibens zu schildern. Amerikanerinnen haben nämlich alle im Wesentlichen die gleiche Handschrift. Sie muss auf ein und denselben Ur-Volksschullehrer zurückgehen, der einst mit der Mayflower mitgesegelt war und als Primärbaum irgendwo in Baltimore oder Boston oder Chicago seine Wurzeln geschlagen hatte.

Nima hatte gewiss nach meiner jeweiligen Abreise mit meinem Bildungszuschuss immer die besten Absichten, doch musste ihm dann auf dem Weg nach Kathmandu, zum Privatlehrer (den ich ihm bezahlt hatte) etwas ganz anderes, Mächtigeres dazwischengekommen sein, wahrscheinlich schon im nächsten Dorf (wo er seine letzten Verwandten und Freunde hatte), und ich gewahrte dies, wenn ich nach einem halben oder dreiviertel Jahr wiederkam.

Dann war sein Blick niedergeschlagen und sein Händedruck kalt und schweißig und die ersten drei Nächte im gemeinsamen Zelt fast nicht auszuhalten, aus olfaktorischen Gründen. Letzteres bemerkte er ein jedes Mal selber, bevor ich etwas sagen musste, und fing am vierten Tage an, sich die Füße zu waschen. Aber es dauerte immer die erwähnten drei Tage, in denen ich jedes Mal aufs Neue lernen musste, die Widrigkeiten dieser Welt ohne Klagen zu erdulden.

Natürlich hat Nima auch später in seinem Leben niemals Lesen oder Schreiben gelernt, und meine jahrelangen Bemühungen, ihn auf eine Laufbahn als *Sirdar* vorzubereiten, waren samt und sonders umsonst gewesen. Ein Sirdar oder Sardar nämlich ist für die gesamte Mannschaft einer Expedition verantwortlich, die immer hierarchisch gegliedert ist. Der Sirdar steht zwischen den Bergsteigern und den Trägern, Küchenjungen, Köchen und Climbing Sherpas.

Selbstverständlich muss ein Sirdar Lesen, Schreiben und Englisch können, und Rechnen, denn auch die Abrechnungen zählen zu seinen Obliegenschaften. Sein Rang als oberster Sherpaführer wird auch dadurch unterstrichen, als er selbst keine Lasten trägt, mit Ausnahme seiner eigenen Ausrüstung.

So waren wir dieses Mal auf dem Weg von Lukla nach Surke und Karikhola, immer im Auf und Ab den alten Karawanenwegen folgend, mit dem Ziel, in etwa zehn Tagen das Aruntal zu erreichen. Eines Mittags – wir befanden uns schon auf dem Gebiet der *Rai* – passierten wir eine kleine Ortschaft, an deren Ausgang eine Frau stand. Sie schien auf jemanden zu warten und fragte Nima, woher wir denn kämen. „Lukla", war seine Antwort, und dann, auf ihre weiteren Fragen, erzählte er, selbstverständlich hätten wir auch Sir Edmund Hillary getroffen, und ja, natürlich hätte er ihm, Nima, dem berühmten Sherpa, hoch und heilig versprochen, auch hierherzukommen. Es sei nur mehr eine Frage von wenigen Stunden, bis er einträfe, der berühmte Jubilar, natürlich samt Gefolge. Sie solle nur eben hier stehen bleiben, dann könne sie ihn in wenigen Stunden persönlich begrüßen.

Wir zogen also weiter. Nima übersetzte mir, was er mit der Rai-Frau gesprochen hatte. Ich fand seinen Scherz etwas grob geraten und sagte ihm das auch, aber er lachte nur, und wir setzten unseren Weg fort. Gleich hinter dem Dorf ging es weit und steil im Zickzack nach unten, in ein tiefes, schluchtartiges Tal und, wie es für Nepal typisch ist, auf der anderen Seite wieder ebenso weit hinauf.

Nun waren wir schon wieder etwa fünf oder sechs Stunden gegangen, und das Dorf tauchte an der anderen Talseite wieder auf. Es dunkelte bereits, aber da stand sie noch, die Frau, und wartete geduldig, dass Sir Edmund auftauchte, ohne zu ahnen, dass er von Lukla aus in die genau entgegengesetzte Richtung gegangen war, was im Solo Khumbu ein jedes Schulkind wusste. Nima amüsierte sich darüber den ganzen restlichen Abend köstlich. Solcherart waren die Scherze von Nima geartet.

Wir übernachteten im nahegelegenen Dorf. Als wir im Morgengrauen wieder aufbrachen, war die Frau auf der anderen Talseite verschwunden.

Zwei Tage später erreichten wir Bung, eine ansehnliche, von *Rai* bewohnte Ortschaft, deren Häuser auf Stelzen standen und das von ausgedehnten, sorgsam gepflegten Terrassenfeldern aus roter Erde umgeben war. Sie sind die nächsten Nachbarn der Sherpa und siedeln im mittleren und niederen Bergland von Ostnepal. Die Rai sind ein schöner Menschenschlag. Sie schminken

Nima Dorjee mit Familie

ihre Kinder schon im Kleinkindalter, und die Frauen tragen oft opulenten Schmuck und schwere Nasenringe. Die Männer stehen schon um sechs Uhr morgens auf dem Pflug, nachdem sie sich zum Frühstück mit einem großen Krug Maisbier gestärkt haben, gegen die aufkommende Hitze und den Hunger. Von Coca-Cola hatte damals im ganzen Ort noch niemand etwas gehört. Hier gedachten wir, die Nacht zu verbringen.

Wir legten also unter einem Vordach mit Erlaubnis der Familie unsere Matten aus. Die Stimmung hätte beschaulicher nicht sein können. Auf dem Dorfplatz spielten die Kinder, während die Alten unter dem Dorfbaum ihre Pfeifchen rauchten und rundherum die Grillen zirpten. Es dunkelte bereits, und ich fand den Zeitpunkt günstig, etwas für meine Körperpflege zu tun, packte mein Waschzeug und machte mich auf den Weg zum Dorfbrunnen, der sich als etwas außerhalb des Dorfes liegend erwies. Hier nun also war ich allein, jedenfalls vorerst, und machte mit nacktem Oberkörper meine Verrichtungen. Es dauerte jedoch nicht lange, bis eine ganze Reihe von Frauen, mit Krügen auf dem Kopf, zum Wasserholen kam. Auch Nima war dabei. Sie lachten und scherzten, bis sie mich beim Näherkommen entdeckten. Nun stellten sie ihre Krüge am Brunnenrand ab. Sie waren allesamt sehr hübsch und zutraulich schienen sie obendrein, denn nun begannen sie ohne Scheu, zuerst die Haare an meinen Unterarmen zu zupfen und dann abwechselnd die Haare auf der Brust. Das schien ihnen zu gefallen, denn sie warfen sich Rufe der Verzückung zu, wie ich meinte, und die ganze abendliche Szene schien mir nicht ganz frei von einer gewissen Erotik, die unschuldig gewesen wäre, wenn es denn eine solche Kombination jemals gegeben hätte.

Aber ach, eine nach der anderen verschwanden sie nun wieder mit ihren vollen Wasserkrügen im Dunkel der Nacht, die inzwischen schnell, wie es nahe des Äquators stets der Fall ist, hereingebrochen war. Von ferne hörten wir noch das eine oder andere Lachen, dann trotteten auch Nima und ich unseren Schlafstellen zu. Meinem Freund gelang es noch, einen Krug voll Tschang aufzutreiben, der uns beiden köstlich mundete, und als wir uns frühmorgens in Richtung Salpa-Pass aufmachten, hatten wir das kleine Vorkommnis am Brunnen schon beide vergessen.

Ein Jahr später war ich wieder mit Nima unterwegs. Der Pinatubo hatte sich beruhigt und die Wetterlage war uns günstiger gestimmt. So beschlossen wir, den Mera Peak zu besteigen. Damals gab es auf dem Weg dorthin noch keine Lodges, und wir nahmen uns vor, die Nächte in Höhlen, unter Felsüberhängen und später auf der einen oder anderen Almhütte zu verbringen, wenn wir das Hinku-Tal erreicht hätten. Jedenfalls kam der Plan, was die ersten drei Tage der Reise betraf, meiner Geruchsempfindlichkeit sehr entgegen, denn wir sollten immer im Freien schlafen. Am Abend des zweiten Tages, schon wieder auf fast viertausend Metern, unterhalb des Zatr-La, fiel mir die Szene am Dorfbrunnen von Bung wieder ein.

„Nima", sagte ich, „kannst du dich noch an die Frauen von Bung erinnern, letztes Jahr am Dorfbrunnen?"

„Freilich", sagte Nima.

„Was haben sie denn gesagt, die Frauen, damals, am Dorfbrunnen, als sie mich an den Brusthaaren zupften?"

„Soll ich dir das wirklich sagen?"

„Ja, sag's!"

Er zögerte. Dann sah er mich für kurze Zeit prüfend an, einen seltsam schelmischen Glanz in den Augen, bevor er antwortete: „Wie ein Wasserbüffel."

Träger beim Zubereiten des Frühstücks

DAS HERZ DES LAMAS
UND DER SCHWARZE GEIER

Tibet: Das ist Himmel. Schwarzblauer Himmel und ockergelbe Hochebenen, deren Steine durch ihren Gneis- und Glimmeranteil das Licht zurückwerfen, als gehöre es zu einer überirdischen Bühnenbeleuchtung. Darüber segeln vereinzelt Wolkengebilde, die Schiffen ähneln, oder Drachen oder anderen Tieren, oder menschlichen Figuren. Kein Wunder also, dass sich gerade in diesem Land eine besonders starke Spiritualität herausgebildet hat.

Von Tibetreisenden des neunzehnten und zwanzigsten Jahrhunderts wurde, unabhängig voneinander, des Öfteren von Phänomenen berichtet, die sich für die Ohren von Europäern im höchsten Maße exotisch ausnehmen. Eines dieser Phänomene waren die *Lunggompa*, die Tranceläufer.

Sie haben ein weltabgewandtes Gesicht, ihren Blick auf einen Stern gerichtet (zur Orientierung) und bewegen sich in großen Sprüngen, kaum dass sie den Boden berühren, mit der Geschwindigkeit eines galoppierenden Pferdes fort. Auf diese Weise können sie große Entfernungen zurücklegen, manchmal Hunderte von Kilometern, ohne zu ermüden, und erreichen so die wichtigsten Heiligtümer Tibets in kurzer Zeit.

Ein anderes Phänomen ist die Praxis des *Tumo*: Der Asket kann seine Körpertemperatur durch jahrzehntelange Schulung bei Bedarf dermaßen steigern, dass er nackt, nur mit einem Lendenschurz bekleidet, bei Minusgraden und eisigem Wind auf fünftausend Metern Höhe tagelang ausharren kann, ohne Schaden zu nehmen. Von einem solchen Phänomen hatte mir persönlich noch der österreichische Asienreisende und Forscher Herbert Tichy erzählt, als ich ihn in Kathmandu als alten Mann kennenlernte.

Er hatte in den Dreißigerjahren einen Einsiedler aus nächster Nähe beobachtet, der nackt am Ufer eines Sees auf etwa fünftausend Metern Höhe saß. Seine Schüler tauchten ein Leintuch in das eiskalte Wasser und schlangen es um ihren Meister, auf dessen Körper das Leintuch in kürzester Zeit trocknete. Ich hatte keinen Grund gesehen, an den Schilderungen Tichys zu zweifeln.

Wenige Jahre nach Tichys Erzählung war ich mit den Hamburgern Winnie und Peter in Kathmandu angekommen und wurde von Nima Dorjee erwartet. Meine Gäste waren müde vom langen Flug, und so saßen Nima und ich bald allein im Gastgarten eines Hotels. Obwohl keine anderen Gäste im Garten waren, dämpfte Nima seine Stimme und erzählte, dass ein befreundeter Mönch im Kloster Bodnath ihn gewarnt hätte: Er sähe für die Nacht vom fünften auf den sechsten Oktober ein großes Erdbeben voraus. In dieser Zeit würden wir hinter der Annapurna-Kette unterwegs sein und wir sollten es vermeiden, in einem Steinhaus zu schlafen, wenn wir ein Dorf erreichten.

Wir fuhren also mit dem Bus nach Beshisahar und wanderten von dort los. Es war der neunundzwanzigste oder dreißigste September, und wir würden noch genug Zeit für eventuelle Vorsichtsmaßnahmen haben. Meinen Gästen hatte ich von der Prophezeiung wohlweislich nichts erzählt, um sie nicht unnötig zu beunruhigen.

So wanderten wir talein- und aufwärts, passierten Khudi und Ngadi und Chamje und die wunderbaren Wasserfälle bei Tal, bis sich das Marshyangdi-Tal schluchtartig für einen Tagesmarsch verengte. Hier wäre ein Erdbeben am ungemütlichsten gewesen, und ich schaffte es unter irgendeinem Vorwand jedes Mal, meine Gäste in Zelten schlafen zu lassen, ohne dass sie Verdacht schöpften. Die Nacht vom fünften auf den sechsten Oktober verbrachten wir in Pisang, einer schön gelegenen Ortschaft auf etwa dreitausendfünfhundert Metern Höhe und wieder schliefen wir im Zelt. Am Morgen erwachten wir quietschfidel. Von einem Erdbeben war nichts zu spüren gewesen. Hatte sich der Mönch geirrt?

Wir wanderten weiter über Hongde und Braga und erreichten nach zwei Tagen Manang. Hier trafen wir die ersten Touristen. Es waren junge Engländer. Sie hatten ein Kurzwellenradio dabei. Ob wir nicht gehört hätten, was passiert sei? Nein, entgegneten wir. Ein Erdbeben in Nordindien. Vierzigtausend Tote. In der Nacht vom fünften auf den sechsten Oktober. Nima Dorjee nickte ernst und sagte, dass sein Freund, der Mönch, solche Erdbeben schon öfters vorausgesagt hätte und sich noch niemals geirrt hatte.

„Doch", sagte ich, „dieses Mal hat er sich geirrt. Um tausend Kilometer. Zu unserem Glück."

„Ja", sagte Dorjee, „zu unserem Glück. Aber was sind schon tausend Kilometer."

Ich lobte mir also die geografische Treffer-Ungenauigkeit des Mönchs in Bodnath und beschloss, an diesem Nachmittag einen Spaziergang durch die Ortschaft zu machen. Manang war damals noch nicht durch verkitschte Hotelbauten verunstaltet und hätte jeden modernen westlichen Architekten durch seine klaren, kubischen Bauten in tibetischem Stil in Entzücken versetzt. Dazwischen zogen sich lange Manimauern dahin, unterbrochen von bemalten Tschörten und Tordurchgängen, in deren Innerem in Naturfarben kunstvoll die Götter und Geschichten des tibetischen Lamaismus aufgemalt waren.

Dieses Tal hier ist zwar nicht Tibet, zumindest geografisch nicht, aber es war von Tibet her besiedelt worden und die Bewohner sprechen *Thakali*, einen tibetischen Dialekt. Auch die Landschaft und die Architektur sind tibetisch, und die Schwärme von Geiern, die man an manchen Nachmittagen in mittlerer Entfernung über einem Hügel kreisen sah, zeugten davon, dass hier die Toten in Form von Luftbegräbnissen bestattet wurden.

Am unteren Ortsausgang von Manang hatte eine Hilfsorganisation mit australischem und amerikanischem Geld ein kleines Spital gebaut und ich beschloss, es zu besichtigen und eine kleine Spende zu hinterlassen. Die Behandlungsräume waren einfach und sauber gehalten, und die diensthabende Ärztin erklärte mir, dass sie zu zweit seien, Freiwillige ohne Bezahlung. Ihr Kollege sei auf Hausbesuch unterwegs. Sie war sehr hübsch, und ich fragte sie, woher sie käme. Australien, antwortete sie, sie sei Australierin. Als sie meinen fragenden Blick bemerkte, verbesserte sie sich: Ihr Vater sei Australier, die Mutter Chinesin.

Ich lud sie zum Abendessen ein. Während wir auf unser Essen warteten, erzählte sie bei einem Bier über ihre Arbeit im Spital. Die Kerzen warfen einen weichen Schein über ihr von schwarzen Haaren umrahmtes Gesicht und die langen Stirnfransen, und ich dachte mir, dass sie ebenso gut beim Film hätte landen können. Aber sie hatte es vorgezogen, Medizin zu studieren und hier heroben, auf fast viertausend Metern, den Einheimischen beizustehen. Genauso wie ich hatte sie sich vom Zauber dieses Hochtales gefangen nehmen lassen.

„Wissen Sie, was das seltsamste Ereignis in meinem Leben war?", fragte sie und beugte sich dabei ein wenig vor.

„Nein", sagte ich. Ihr Gesicht hatte einen seltsam besorgten, fragenden Zug angenommen. Auf ihrer Stirn konnte ich eine kleine Denkfalte wahrnehmen.

„Kürzlich war der australische Botschafter hier zu Besuch, zusammen mit seiner Frau. Ich zeigte ihnen unser Spital, begleitet von einem einheimischen Mönch. Am Ende der Visite fragte uns der Mönch sehr leise und höflich, ob wir an einer besonderen Zeremonie teilhaben wollten. Wir bejahten und waren gespannt, was auf uns zukommen würde. Wir folgten dem Mönch talauswärts und dann über einen kleinen Pfad ansteigend auf einen entlegenen Hügel, über dem ein großer Schwarm Geier kreiste.

Beim Näherkommen sahen wir, dass die Zeremonie schon in vollem Gange war. Ein hoher Würdenträger aus dem Kloster war verstorben, und man befand sich mitten in den Vorbereitungen für ein Luftbegräbnis. Die Leichenzerschneider hatten schon begonnen, den toten Körper zu zerlegen und die zerkleinerten Teile für die Geier auszubreiten. Immer wieder stieß eines der Tiere nieder, um sich seinen Anteil an dem schaurigen Mahl zu holen. Dann kamen die Knochen dran. Die Leichenzerschneider zertrümmerten sie, und die Geier gingen nieder, um sie zu holen. Während der ganzen Zeremonie saßen in einigem Abstand die Mönche des Klosters und wiegten im Singsang die Oberkörper vor und zurück. Schließlich, als vom Körper des Verstorbenen fast nichts mehr übrig war, wandte sich der Zeremonienmeister uns zu und bat uns höflich, aber eindrücklich, die Stätte zu verlassen. ‚Wissen Sie', sagte der uns begleitende Mönch, ‚nun ist nur mehr das Herz des Abtes übrig. Jetzt muss ein schwarzer Geier mit einer Flügelspannweite von dreizehn Metern kommen, um sich das Herz zu holen. Kommt er nämlich nicht, so wird der Tote keine gute Wiedergeburt haben.'

Wir verließen den Ort und gingen den Höhenrücken hundertfünfzig oder zweihundert Meter zurück. Jeder war in seinen Gedanken, und wir erschraken augenblicklich, als wir ein mächtiges Rauschen hörten. Wir blickten nach oben und sahen etwa dreißig oder vierzig Meter über unseren Köpfen einen schwarzen Geier in der Größe eines Jagdflugzeuges niedergehen. Er landete auf dem Begräbnisplatz und stieg augenblicklich mit seiner Beute wieder hoch. Irgendwo dort draußen", sie wies mit ihrem Kinn talauswärts, „ist er dann im Sonnenlicht zwischen der Annapurna II und der Gangapurna verschwunden."

Die Ärztin sah mich prüfend an und wartete meine Reaktion ab. Ich sah keinen Grund, an ihren Aussagen zu zweifeln. Sie hatten den Geier ja tatsächlich gesehen, der australische Botschafter, seine Frau und die Ärztin, drei westlich gebildete, nüchterne Menschen, die keinerlei Nutzen aus einer erlogenen Geschichte hätten, im Gegenteil, es riskierten, nicht für voll genommen zu werden, wenn sie sich damit an den Falschen richteten.

Bereits die Tibetforscherin Alexandra David-Néel (1868– 1969) hat von vorbuddhistischen Praktiken bei Luftbegräbnissen berichtet, in deren Zentrum folgende Worte des Priesters stehen: „Seit undenklichen Zeiten, in unzähligen Daseinsformen entnahm ich zahllosen Wesen, uneingedenk ihres Wohlseins und Lebens, was ich zur Nahrung, Kleidung und zu jeder Art Dienstleistung brauchte, und erhielt damit meinen Körper gesund, fröhlich und stark genug, um dem Tode zu trotzen. Der Tag ist gekommen, meine Schulden zu tilgen; so biete ich als Opfergabe diesen meinen so geliebten und verwöhnten Körper zur Vernichtung dar. Ich gebe meinen Leib den Hungrigen, mein Blut den Durstigen, meine Haut den Nackten, meine Knochen als Feuerung denen, die da Frost leiden. Ich gebe mein Glück hin für die Unglücklichen, und mein Lebensodem möge die Sterbenden neu beleben! Schande über mich, wenn ich vor diesem Opfer zurückschrecke. Schande über euch alle, wenn ihr es nicht anzunehmen wagt …"

Die Ärztin sah mich noch immer fragend an, als wäre ich es, der ihr das Phänomen hätte erklären können.

„Ich sehe keinen Grund, Ihnen nicht zu glauben", sagte ich nur.

War der schwarze Geier in seiner Größe nur der Ausdruck des Unterbewussten gewesen, das im Menschen als Opferbereitschaft auf ewig angelegt ist, aber nur von denen gesehen werden kann, die es zu sehen verdienen?

War es das, was die westliche Psychologie lehrt? Dass die Innenweltphänomene das übersteigen können, was in der sogenannten Wirklichkeit der Außenwelt passiert?

NIMA DORJEE UND DIE ZAUBERSPRÜCHE

Irgendwann im ausgehenden 18. Jahrhundert musste sich die Medizin von der Physik abgewandt und der Chemie zugewandt haben, notierte einmal der Innsbrucker Bergsteiger, Maler und Schriftsteller Walter Klier. Und wirklich haben ja viele meiner Generation noch in der Schule die Merseburger Zaubersprüche gelernt. Diese Besprechungen klingen wie ein Echo aus lange vergangenen Zeiten.

Es gibt zwei Merseburger Zaubersprüche. Der Erste Merseburger Zauberspruch gilt gemeinhin als ein Lösezauber von den Fesseln eines Gefangenen. Der Zweite Merseburger Zauberspruch diente als Heilungszauber für einen verletzten Pferdefuß:

Phol und Wodan begaben sich in den Wald
Da wurde dem Fohlen des Herrn/Balders sein Fuß verrenkt
Da besprach ihn Sinthgunt, die Schwester der Sunna
Da besprach ihn Frija, die Schwester der Volla.
Da besprach ihn Wodan, wie er es wohl konnte.
So Beinrenkung, so Blutrenkung, so Gliedrenkung:
Bein zu Bein, Blut zu Blut,
Glied zu Glied, wie wenn sie geleimt wären.

„Die Natur ist wie eine Radioskala", schreibt Deepak Chopra, ein indischer Arzt, über Ayurveda, das altindische Wissen von Leben. „Wenn man einem isolierten Objekt Aufmerksamkeit widmet – einem Stein, einem Stern oder einer ganzen Galaxie –, so wählt man einen Kanal auf der Skala aus. Der Rest muss selbstverständlich ausgeschlossen werden – aber nur auf dieser Bewusstseinsebene. Es mag sein, dass auf anderen Bewusstseinsebenen mehr Kanäle empfangen werden können oder mehrere Kanäle gleichzeitig. Heutzutage schätzen Physiker, dass unsere Sinnesorgane weniger als ein Milliardstel aller uns umgebenden Energiewellen und Teilchen wahrnehmen. Wir leben in einer ‚Energiesuppe‘, die unvorstellbar viel größer ist als die Welt, die wir sehen …‘‘

Nima Dorjee und ich waren in Pangboche angekommen, einem kleinen Ort auf dem Weg zu Lhotse und Everest, der seine Berühmtheit aus der Tatsache bezog, dass hier, im darüber liegenden Kloster, der Originalskalp eines Yeti aufbewahrt sein sollte. Gegen eine kleine Spende wurde der Skalp von den Mönchen herausgerückt und konnte von jedermann begutachtet werden (Jahre später sollte er in einem englischen Labor untersucht werden – es handelte sich um die Kopfhaut einer Ziege).

Wir waren wochenlang in einer einsamen Gegend ohne Häuser unterwegs gewesen und hatten in dieser Zeit äußerst bescheiden gelebt. Deshalb war uns an diesem ersten Abend mit anderen Menschen weniger nach diesem Skalp als vielmehr nach einem Bier zumute und einem Original-Yaksteak (dessen Fleisch in Wirklichkeit von einem Wasserbüffel aus Bung oder Jiri stammte, doch wir kauten begeistert daran und spülten reichlich mit Everest-Bier), als die Tür der Lodge sich öffnete und ein Lama mit seinem Gehilfen die Gaststube betrat und sich an den Nebentisch setzte. Zuerst glaubte ich, dass sie zum Essen gekommen wären. Doch da brachten die Hausleute Tee, dazu einen großen Teller mit *Tsampa*, einem braunen Roggenteig, und einen großen Brocken Butter. Nima erklärte mir, dass wir nun Zeugen eines Lama-Rituals werden sollten. Denn der Säugling der Tochter des Hauses sei krank. Das Baby hätte oft Zuckungen und würde viel schreien.

Wir hatten die Tochter des Hauses schon vorher beim Servieren genossen. Sie war eine dralle, pausbäckige Schönheit von etwa zwanzig Jahren und trug ihr Baby mit einem Tragekorb mittels eines *Námlo* (ein Kopftrageriemen) die ganze Zeit mit sich herum. Das Baby war in dem Korb unter vielen dicken Decken verborgen und möglicherweise dem Erstickungstod oder einem Hitzekoller nahe. Jedes Mal, wenn die resolute junge Dame unseren Raum betrat, ging sie mit Schwung durch die Doppelflügeltür. Die sich schließenden Flügel landeten dann umgehend – rrrawumms – mit einem Krachen auf dem Korb des Babys. Und auch die Stimme der jungen Frau war nicht eben dazu angetan, ein unruhiges Kleinkind zu besänftigen.

Mir war schon damals aufgefallen, dass die Stimmen mancher Sherpani, schon in jungfräulichem Alter nicht gerade leise zu nennen, sich nach der Hochzeit zur alles durchdringenden Lautstärke eines bayerischen Bademeisters steigern konnten.

Der Gehilfe des Lama, Nima Dorjee nannte ihn *Mön-pa*, begann, aus dem Tsampa kleine Schalen zu formen. Währenddessen formte der Lama mithilfe von Holzmodeln winzige Figuren. Anschließend formte er Spitzen, sie sahen aus wie Zuckerhüte, und auf diese Spitzen drückte er vorsichtig die Figürchen. Diese Spitzen sollten, so flüsterte mir Nima zu, *Tschörten* symbolisieren. (Ein Tschörten oder Chorten ist ein sakrales Bauwerk im tibetischen Kulturraum. Er enthält neben Reliquien, Buddhabildern oder Asche auch Votivgaben und Heilige Schriften.)

Drei Essteller aus Aluminium – *Dedschi* – standen bereit. Der Lama modellierte nun einen größeren Ochsen (Nima betonte, dass das kein Yak, sondern ein Ochse sei), dieser Ochse wurde nun auf einen der Teller gesetzt und füllte ihn etwa zur Hälfte aus. Um ihn herum wurden viele verschieden große Zuckerhüte gestellt.

Dann wurde der Fetzen von einer Windel des Babys dazugelegt. Nun gab der Lama der Mutter kleine Teigkugeln, die sie dem Kind an den Mund führte, sodass sie mit dem Speichel des Kindes in Berührung kamen. Diese Kugeln wurden in die vom Gehilfen geformten Teigschalen gelegt. Vorher hatte er Dochte aus Watte in einen Butterbrocken gesteckt, der sich in der Mitte der Schalen befand. Nun goss der Mön-pa Milch auf das Ganze.

Die Schalen wurden jetzt auf die zwei weiteren (und kleineren) Essteller gestellt (auf einen eine, auf den anderen zwei). Dazwischen wurden Zuckerhüte und Butterstücke platziert. Den restlichen Teig formte der Lama zu Brocken und verteilte sie ebenso auf die Teller. Dann wurde auch die restliche Butter in Klümpchen zerlegt und auf die Hornspitzen des Ochsen und auf die Spitzen der Zuckerhüte geklebt. Die übrigen wurden einfach zwischen die Figuren und Formen gelegt.

Jetzt brachten die Hausleute ein mit Holzkohle gefülltes Räuchergefäß, und der Lama legte seine mitgebrachten Kräuter darauf. Beißender Rauch verbreitete sich im Raum. Der Lama und der Mön-pa trugen nun gesungene Gebete aus ihren mitgebrachten tibetischen Büchern vor. Diese Sammlung von losen Blättern, geschützt durch einen dicken Holzdeckel, sind uralte Texte, denn die Sherpas selbst haben ja keine Schriftsprache.

Die Gebete waren eine lange Litanei, und jeder der beiden las oder sang etwas gänzlich anderes. Zwischendurch nahm der Lama die Glocke und klingelte, während er zugleich die kleine Handtrommel mit den Klöppeln an Schnüren anschlug.

Die ganze Zeremonie wirkte sehr schamanistisch, und ich dachte mir, dass die Wurzeln dieser Riten sicher in der *Bön*-Zeit zu finden wären.

Nima und ich waren im Kampf mit den zähen Yaksteaks schon zur Hälfte auf der Siegerstraße und hielten uns jetzt tüchtig an die Pommes frites. Als ich mir von der Ketchupflasche, die auf dem Tisch stand, noch einen Nachschub holen wollte, war die junge Wirtin blitzschnell zur Stelle und wollte mir die Flasche aus der Hand nehmen. Ketchup, bedeutete sie mir, sei sehr teuer hier, blieb aber trotzdem beim kurzen Ringen um die Flasche unterlegen, weil sie mit der anderen Hand den *Námlo* halten musste und dadurch etwas aus dem Gleichgewicht war. Schließlich resignierte sie und ließ sich gegenüber auf einer entlang der Wand verlaufenden Bank nieder. Ich schätzte mich glücklich, dass nicht ich es war, der in ihrem Körbchen hinter ihrem Rücken lag.

Als das Kleine einen Krächzer tat, sprang sie sofort auf und lief wippend umher, was mir jedoch eher kontraproduktiv erschien, weil sie sich so ruckartig bewegte, dass sie dauernd mit dem Korb irgendwo anstieß. Würde ich so behandelt werden, dachte ich mir, dann würde ich auch schreien und unter Zuckungen leiden.

Dann nahm der Lama eine Art Mini-Zepter, mit dem er den Raum weihte, deutete damit auf die Teller, hin zum Kind. Wieder und wieder klatschten sie beide zwischen den Texten. Sie klatschten immer gleichzeitig, obwohl ihre Texte völlig verschieden waren, und ich konnte das stille Kommando dafür nicht ausmachen.

Nun brachte einer der Hausleute einen Teller mit Mehl. Der Lama hatte zwei Plastikdöschen mit Ingredienzen in Pulverform dabei. Von diesen beiden Döschen und vom Mehl nahm er jetzt von Zeit zu Zeit eine Prise zwischen die Finger und streute sie gegen die Teller oder stäubte sie in den Raum.

Nun kam auf ein Zeichen der Sohn des Hauses, nahm den ersten und kleinsten Teller und ging damit vor das Haus. Die Dochte im Teller waren vor der Litanei entzündet worden – die Butter schmolz. Es waren also kleine Butterlampen.

Nima erklärte mir, dass die Krankheit durch das Ritual nun an die Teller und Figuren gebunden war und dass sie die Krankheit des Kindes nun ins Freie hinaustragen würden.

Es folgten weitere Litaneien, mit vor- und zurückwiegenden Oberkörpern vorgetragen, bis der Mön-pa den zweiten Teller nahm, ihn über dem Kind kreiste und dann ins Freie trug. Währenddessen rezitierte der Lama unbeirrt weiter, bis der Mön-pa wieder zurückkam und sie im Duett weitermachten. Die Kindesmutter hatte, unbeeindruckt von den Riten, inzwischen ihre Besorgungen gemacht, war x-mal durch die Flügeltür gerauscht – rrawwumms waren die Türen wieder auf das Körbchen gekracht –, hatte in der Küche herumgebrüllt, sich lautstark vor der Tür geschnäuzt und sich geräuschvoll die Kehle gesäubert. Nun stand sie wieder im Raum, das klagende Kind im Korb, und wartete, was da geschehen würde.

Da nahm der Lama den großen Teller mit dem Ochsen und ließ ihn über dem Kind kreisen. Der Mön-pa nahm ihm den Teller ab und trug ihn ins Freie. Das Kind wurde ruhiger. Die Hausleute brachten eine Pfanne mit glühender Holzkohle. Der Lama streute etwas von seinen Pulvern hinein und kreiste mit der Pfanne über dem Kind. Dann wurde die Pfanne von den Hausleuten hinausgetragen.

Das Ritual war zu Ende.

Der Lama und der Mön-pa begannen ohne weitere Umstände, ihre Sachen zusammenzupacken. Die heiligen Texte wurden wieder zwischen die hölzernen Buchdeckel gelegt, mit Tüchern umwickelt und wie die Trommeln, Glocken und anderen Ritualgegenstände in ihren roten Rucksäcken verstaut. Schließlich tranken die beiden noch einen Tee, standen auf, schulterten die Rucksäcke und verließen die Lodge ohne weitere Abschiedsworte. Ich folgte ihnen ins Freie und sah ihnen zu, wie sie die Taschenlampen auspackten und in ihren schwachen Lichtkegeln sich leise murmelnd auf den Weg machten nach Upper Pangpoche, nach Hause ins Kloster.

Ich blieb vor der Tür stehen, zündete mir eine Zigarette an und betrachtete den Sternenhimmel und den allerletzten Rest des Tageslichts, der auf den Gipfeln von Everest und Lhotse lag. Ich erinnerte mich, wenige Monate vorher gelesen zu haben, dass es japanischen Forschern gelungen war, die individuellen Geräusche der Planeten nachzuweisen und aufzuzeichnen, und dachte über deren Magnetismus nach. Ich fühlte mich von einer seltsamen, wohltuenden Andacht getragen, und auch Nima Dorjee, der nun hinter mich trat, waren die Witze ausgegangen.

Am nächsten Morgen war das Kind gesund. Zweifelsfrei hatte auch hier der Magnetismus eine Rolle gespielt, der tiefe innere Schwingungen hervorgerufen hatte. Zweifelsfrei hatten die Lamas ein unsichtbares Gitterwerk als Schutz um das Kind gelegt.

HERR L. UND DIE RACHE DER BEREISTEN

Von meinem Gegenüber stiegen dicke Wolken aus Zigarren-rauch auf, und eine Weile war es still in dem großen Zimmer.

„Ecuador, Kilimandscharo, Aconcagua, Himalaya. Du kannst fahren, wohin immer du willst", drang die Stimme durch den Rauch.

Wenige Monate vorher war ich mit Wolfgang Nairz an der Südwand des Cho Oyu unterwegs gewesen und wir hatten in diesen Wochen grimmige Zeiten erlebt. Aber wir hatten überlebt. Wolfi war von seinen Brüchen und Prellungen geheilt, und so saßen wir wieder gesund zu Hause. Er war der Chef der Hochgebirgsschule Tyrol, und nun durfte ich mir als junger Bergführer aussuchen, zu welchem Ziel ich meine erste Gruppe führen wollte.

Unsere Weingläser waren schon wieder leer, Wolfi schenkte nach. Wir waren an diesem Spätnachmittag definitiv Sucher auf dem Weg nach der Erleuchtung. Ich erinnerte mich eines anderen Einzelkämpfers in ähnlicher Mission, an den portugiesischen Nationaldichter Fernando Pessoa: Er glaubte, diesen paradiesischen Zustand über den Genuss von Wein erreichen zu können, und nannte deshalb sein Bestreben die „Suche nach Luzidität". Spätestens bei der nächsten Flasche würden auch wir so weit sein.

Der Himalaya. Die Zeiten an der Südwand des Cho Oyu waren grimmig gewesen, und ich legte keinen großen Wert darauf, Ähnliches wieder zu erleben. Was mir jedoch wirklich gefallen hatte, das war der Anmarsch zum Berg gewesen: Malerische Almen, dazwischen blühende Rhododendren und überaus freundliche Menschen. Klöster, aus denen bei Sonnenaufgang tibetische Tröten (*Sangdong*) tönten, hinunter in die Täler und hinauf zu den Gipfeln, die sich bis zum Horizont erstreckten. „Der Verlorene Horizont", das *Shangri-La* von James Hilton, musste sich unweit von hier befinden.

Auf diesem Anmarsch zum Berg hatte ich ein wenig Einblick bekommen in eine Sherpakultur, die mir weitgehend neidlos erschien und frei von der Regelungswut und dem Allmachtsanspruch der Juristen, die unsere westlichen Gesellschaften nur allzu sehr prägen. Diese Sehnsucht nach eben einem solchen Land hatte mich einst, als Vierzehnjährigen, zum Extrembergsteigen gebracht. Dort oben, in den senkrechten Wänden, herrschten andere Gesetze, dort musste man seine Probleme und inneren Konflikte selbst lösen, anstatt sie nach außen zu tragen und zu delegieren. An diesen Orten musste man mit sich selbst sein Auslangen finden. Dort also, im Himalaya, würde ich mein Eldorado finden.

Wenn man als Besucher zu Wolfgang Nairz kommt, glaubt man, mit dem kleinen Schritt über die Schwelle seiner Wohnung nicht nur Europa, sondern auch das eigene Jahrhundert verlassen zu haben. Ein vergoldeter Buddha, eingehüllt in weiße Seidenkhattas, lächelte durch mich hindurch und gemahnte mich, die Lösung meiner Fragen in mir selbst und nicht in einer außenstehenden Gottheit zu suchen. Ringsherum an den Wänden hingen naive Malereien des berühmten Sherpamalers Kapa Gyalzen, und die Decke war voll mit Gebetsfahnen in verschiedenen Farben, eine jede bedruckt mit Gebeten, deren Sinn es normalerweise ist, sich vom Bergwind in die Welt tragen zu lassen. Doch hier herinnen war es windstill, und die Gebetsfahnen rührten sich nicht.

Durch den ausgedehnten Vorraum und das Esszimmer durchschreitet man lange Galerien von antiquarischen Reisebüchern in dicken Ledereinbänden und Skulpturen von buddhistischen Heiligen. Die Türstöcke zwischen den Räumen sind aus dem Holz der Himalayakiefer geschnitzt und zeigen fernöstliche Gottheiten. Ich blickte mich im Raum noch einmal um.

„Also Himalaya", sagte ich dann.

„Hab ich mir gedacht." Er zog die klimatisierte Zigarrenbox auf dem Wohnzimmertisch näher zu sich heran, öffnete sie, überlegte kurz und zog eine lange, dicke Aluminiumhülle hervor. Bedächtig schraubte er den Metallverschluss ab, zog vorsichtig die Zigarre heraus, schnipste mit dem Zigarrenschneider behände die Spitze ab, entzündete sie mithilfe eines Feuerzeugs in der Größe eines mittleren Flammenwerfers, während er sie zwischen Zeigefinger und Daumen der linken Hand gemächlich hin und her rollte. Dann paffte er heftig daran, indes seine Augen noch konzentriert auf das lange Ende der Zigarre gerichtet waren. Schließlich nahm er einen langen Zug, lehnte sich in seinem Schaukelstuhl zurück und blies mir einen perfekt modellierten Rauchring ins Gesicht. Mir war schon früher aufgefallen, dass dies zu seiner Art Überzeugungsarbeit gehörte, wenn das Thema ein Heikles zu werden drohte. Ich war gespannt.

„Hab schon die Teilnehmerliste vorbereitet", sagte er. „Denn ich war mir sicher, dass du Nepal wählen würdest!"

Wir stießen an. Ich hatte einen langen Klettertag hinter mir, und der Wein stieg mir wohltuend zu Kopfe.

„Ist ja doch mit nichts zu vergleichen", sagte er, „ich meine – Nepal."

„Nein, mit nichts", antwortete ich versonnen.

123

„Willst du sie sehen, die Liste?", fragte er.

„Ja, gib sie her."

Ich begann, die Liste zu studieren. Da war ein belgischer Arzt mit seiner Frau, ein Tankwart aus Frankfurt, ein Hamburger mit seiner Frau – beide Büroangestellte, ein Salzburger Zahnarzt, mit achtundsiebzig Jahren der Älteste der Gruppe, ein weiterer Pensionist aus Salzburg, der mit ihm befreundet schien, Fröhlich hieß und auch schon fünfundsiebzig Jahre auf dem Buckel hatte, einige weitere aus dem Umkreis von Innsbruck und dann noch ein Freund und Kletterpartner von mir, mit dem ich die Tour schon lange ausgemacht hatte, und schließlich, als Letzter, und mir stockte augenblicklich der Atem: Herr L.

Ich schaute Wolfi fragend an und deutete mit dem Zeigefinger auf den Namen.

„Kennst du ihn?", fragte er.

„Doch nicht *der* Herr L.?", fragte ich, schlagartig ernüchtert.

„Was meinst du damit?"

„Der mit der Stehfrisur? Der immer im Sommer im Pullover der Skinationalmannschaft und den Rennskiern auf dem Rücken stundenlang die Maria-Theresien-Straße auf und ab spaziert, um den Touristinnen zu imponieren?"

„Oh, ja, der."

Vier Wochen mit Herrn L. im Himalaya. Gott im Himmel, was hatte ich nur verbrochen!

Sein Gehirn schien dermaßen einfach strukturiert, und sein Narzissmus im ebensolchen Maße ausgeprägt, dass er es nicht einmal merkte, wenn sich sogar Kinder und alte Leute über ihn lustig machten. Dabei waren seine alpinen Taten mehr als bescheiden und reichten kaum über den dritten Schwierigkeitsgrad hinaus.

„Du wirst ihn schon aushalten!", kam die Stimme des Freundes über den Tisch, zugleich mit einem überdimensionalen Rauchring. Ich trank noch einen Schluck, langte dann nach Wolfis Zigarrenschachtel und zündete mir ein Zigarillo an. Nach dem ersten tiefen Brustzug blickte ich mich wieder im Zimmer um.

Die Sonne war hinter großen, ambossartigen Gewitterwolken verschwunden, die den Raum langsam verdunkelten. Die Rauchschwaden taten das ihre dazu. Ich fühlte mich wirklich wie in einem tibetischen Kloster.

„Was ist das für eine Figur da drüben? Die mit den vielen Armen?", fragte ich.

„Avalokiteshvara. Die Göttin des Mitleids. Symbolisch mit tausend Armen dargestellt. Wegen des Helfenkönnens."

Wolfgang war aufgestanden, um aus der Küche eine weitere Flasche Wein zu besorgen. Er entkorkte den Wein und schnüffelte am Kork. Seinem Gesichtsausdruck nach war das Ergebnis befriedigend. Er expedierte den Kork in eine große Ballonflasche mit sicherlich zwanzig Liter Füllungsvermögen, die in der Ecke stand. Sie war mit Korken halb gefüllt.

„Voriges Jahr waren es über fünfhundert. Hatten allerdings viele Einladungen", sagte er nicht ohne Stolz.

„Du kannst doch nicht", machte ich zaghaft einen letzten Anlauf, „einen derartigen Menschen in den Himalaya mitnehmen. Der treibt die Leute schon zu ebener Erd in den Wahnsinn!"

„Doch. Er hat gebucht und bezahlt. Außerdem wird er sich fügen. Ich habe mit ihm ein langes Gespräch gehabt."

Vielleicht hatte Wolfi Recht? Und war es nicht schon immer so gewesen, dass unter der gnädigen Sonne des Himalaya unsere Sünden und der Hüftspeck wie Butter in der Sonne geschmolzen waren? Vielleicht wuchsen Herrn L. unter der gleichen gnädigen Sonne sogar die fehlenden Gehirnwindungen nach?

Ich fühlte mich bei diesen Gedanken dem Glück der Erleuchtung nahe.

„Herr L. hin, Herr L. her", gab ich mich geschlagen, „ich mach's!"

„Na, also", sagte Wolfi und lehnte sich zufrieden zurück.

Ein erster Blitz fuhr vom Himmel und beleuchtete die Bronzen an der Wand. Die Göttin des Mitleids nickte begeistert Beifall. Dies und den Blitz nahm ich als gutes Omen. Gewitter gelten in Asien als Glücksbringer.

Vereinfacht könnte man sagen, dass der Massentourismus gewisse Übereinstimmungen mit dem Verhalten Casanovas aufweist: Ständig auf der Suche nach Jungfrauen, werden die Geliebten spätestens, wenn sie in die Wechseljahre kommen, im Müll der Geschichte entsorgt. Dann begibt man sich auf die Suche nach der nächsten Eroberung. Auch mit den weißen Flecken auf der Landkarte und den bereisten Ländern verhält es sich so.

Es war damals der Beginn der kommerziellen Expeditionen in den Himalaya, und kaum jemand konnte die Entwicklung ahnen, die ihren heutigen vorläufigen Höhepunkt in der Tatsache findet, dass gelangweilte sechzigjährige Zahnärzte aus Colorado oder Rechtsanwälte aus Wanne-Eickel, des Golfspielens überdrüssig, vierzigtausend Euro hinlegen und zum Everest fahren, ohne vorher auch nur einmal selbst ein Steigeisen angezogen zu haben. Deshalb ist die Geschichte mit Herrn L. gewissermaßen beispielhaft, denn recht bald schon fingen damals die Bereisten an, sich zur Wehr zu setzen – wenn auch auf äußerst subtile Weise, wie sich noch zeigen wird.

Nach Namche Bazar geht es ziemlich steil bergan, und zusammen mit der Tatsache, dass wir uns auf der geografischen Höhe von Nordafrika befanden, wirkte sich die Meereshöhe von immerhin dreitausendsiebenhundert Metern doppelt aus.

Zudem hatten die meisten von uns wahrscheinlich einen Sonnenstich. An diesem Nachmittag hatte ich zum ersten Mal aus dem Munde von Herrn L. die Worte gehört: „Wie ich beisammen bin. Überhaupt kein Kopfweh!", während der Rest der Gruppe mit schmalen Lippen, rotem Kopf und Ödemen unter den Augen die engen Gassen von Namche im Schneckentempo erkundeten. Mit diesen Worten – gebetsmühlenartig Hunderte Male wiederholt – sollte er den Großteil der Gruppe in den kommenden vierzehn Tagen beinahe in den Wahnsinn treiben.

Es war ein Samstag. Samstags ist immer Markt in Namche Bazar. Dann kommen die Rai über den Salpa-Pass mit den Vierteln von geschlachteten Wasserbüffeln und bieten sie auf dem Markt feil. Die Namchianer, immer schon etwas schlitzohrig (auch schon vor dem Beginn des Tourismus, wie mir alte Leute aus den umliegenden Dörfern erzählten), verkaufen dann das Fleisch als echte Yaksteaks an die Touristen weiter. Von Lukla kommen ganze Karawanen von Trägern und verkaufen den Reis aus dem Kathmandu-Tal. Aus dem Rolwaling kommen die Bauern über den gefährlichen vergletscherten, fast sechstausend Meter hohen Trashi Labtsa, und aus Tibet ziehen lange Karawanen von Yaks über den Nangpa La und bringen Salz, getrocknete Schafshälften und nicht selten Pullover aus Acryl, die sie auf einer ihrer Reisen in Jullundur, einer nordindischen Stadt, erstanden haben. Begeistert kaufen die Touristen diese Pullover aus vermeintlich echter Yakwolle.

Samstag ist immer Highlife in Namche und ein Tag der einzigartigen Okkasionen darüber hinaus: Das Spiel mit den Missionaren und den Glasperlen hat sich hier umgedreht, und gar mancher Tourist stolziert des Abends mit einer „echten" Gzi-Steinkette um den Hals seiner Unterkunft zu, wiewohl diese Steine allerhöchstens einen Glasofen in Biratnagar und nicht das tibetische Hochland gesehen haben.

Es hatte stark zu regnen begonnen, und weil es damals in Namche Bazar noch kaum eine Lodge gab, hatten wir Unterkunft in einer einem Lagerhaus ähnlichen Bretterbude gefunden, deren Vorteil aus einem dichten Dach und einem halbwegs brauchbaren Bretterboden bestand. Hier, in diesem großen Raum, hatten wir nach dem Abendessen unsere Schlafmatten ausgebreitet, die Schlafsäcke daraufgelegt und, ein jeder nach Gutdünken, sich bereit für einen erquicklichen Schlaf gemacht. Nun flogen noch Scherzworte hin und her und irgendwelche Witze, wie es bei postpubertären Zusammenkünften üblich ist, aber nach und nach wurde es leiser im Raum und ein jeder schien zu beginnen, die Erlebnisse des Tages aus einer immer entfernter werdenden Distanz zu betrachten.

Plötzlich flog die Tür unserer Unterkunft auf. Im Türrahmen erkannten wir eine schwankende Silhouette, und augenblicklich erfüllte ein unbeschreiblicher Gestank von Buttersäure und anderen unerfreulichen Ingredienzen unseren Raum. Als wir unsere Augen an die veränderten Lichtverhältnisse angepasst hatten, erkannten wir einen Tibeter. Über dem Oberkörper trug er ein Schaffell, um die Mitte mit einem Lederriemen gegürtet. An ihm hing ein Schwert in einer handgetriebenen Scheide aus falschem Silber sowie das obligate Nähzeug und die Feuersteintasche, die jeder Tibeter immer mit sich hat. Die Beine steckten in undefinierbaren, dünneren Hosen und die Füße in handgemachten Stiefeln aus Yakhaut.

Wir befürchteten das Schlimmste, und es war Herr L., der nun augenblicklich zu beten begann.

„Bitte, lieber Himmeltati (Himmelvater), bitte, bitte, lass ihn nicht zu mir her legen!"

Hätte er doch geschwiegen.

So aber fasste der Tibeter umgehend Herrn L. ins Auge. Der Besucher schwankte dabei stark und hielt sich am Türstock. Der Gestank war bestialisch.

„Bitte, lieber Himmeltati, lass diesen Kelch an mir vorübergehen!", wurde Herr L. nun etwas biblisch. Der Tibeter machte den ersten Schritt. Und siehe da, es ging auch ohne Türstock. Der zweite Schritt. Der Gestank nahm an Intensität zu. „Bitte, bitte …", hörten wir Herrn L. flehen, und der Tibeter schien sich wirklich angesprochen zu fühlen und tänzelte nun mit einer Art tastender Doppelschritte auf den Ort zu, an dem Herr L. lag. Von ihm war nur mehr ein leises Schluchzen zu hören. Der Tibeter blickte eine Zeitlang emotionslos auf Herrn L. hinab. Aber alles, was er sah, schien zu seinem Gefallen zu sein, und, ohne auch nur in die Knie zu gehen, ließ er sich genau neben Herrn L. der Länge nach auf den Boden krachen und schnarchte noch in der gleichen Sekunde.

Das Schluchzen des Herrn L. war in ein leises Stöhnen übergegangen. In jener Nacht tat kaum einer von uns ein Auge zu. Ich erinnerte mich, von Kindesbeinen an ein großer Freund der Tibeter gewesen zu sein und dass ich sämtliche Bücher von Sven Hedin, Herbert Tichy oder Alexandra David-Néel verschlungen hatte. Sie erzählten von Tibetern, die über die unendlichen, ockerfarbenen Weiten ihres Landes ziehen, und von ihrer Heiterkeit, die in so krassem Gegensatz zu ihren harten Lebensbedingungen steht. Aber keines dieser Bücher hatte erwähnt, dass tibetische Nomaden, wenn sie ihre angestammte Höhe von viereinhalb- oder fünftausend Metern verlassen, zu derart nachhaltigen Vertretern von Buttersäure werden.

In jener schlaflosen Nacht stellte ich alle möglichen Theorien der Völkerwanderungen und -invasionen auf. Eine Theorie – die mir selbstredend am besten gefiel – war, dass es den Chinesen niemals möglich gewesen wäre, Tibet einzunehmen, wenn sich das Land auf einer Höhe von nur zweitausend Metern befunden hätte. Ein einziger Mann nämlich, so wie unser Freund hier herinnen, hätte mit Sicherheit eine ganze Armee aufgehalten.

Lange nach Mitternacht konnte ich noch, wiewohl in immer größeren Abständen, Herrn L. mit seinem Himmelvater hadern hören. „Das kommt davon, wenn man in fremden Ländern den falschen Gott anruft", dachte ich mir in jenen boshaften, blasphemischen Minuten, geboren aus der Schlaflosigkeit. Hätte Herr L. die Göttin des Mitleids anrufen sollen? Hätte die Direktverbindung über Avalokiteshvara zu unserem Stinker schneller und störungsfreier funktioniert? Vielleicht war Gott doch nur ein anderes Wort für Harmonie?

Beim ersten Morgengrauen verschwand der Tibeter so, wie er gekommen war, und die frische Luft strömte bei der Tür herein, und wir konnten noch für eine Stunde einen erquickenden Schlaf finden. Bevor ich in den erlösenden Schlummer sank, wünschte ich unserem uneingeladenen Freund, dass er doch umgehend nach Tingri oder Shigatse oder einen noch höhergelegenen Ort zurückgehen möge, wo er bis zum Ende seiner Tage friedlich vor sich hin stinken konnte.

DER KLEINE TENDY
UND DER HEILER VON BODNATH

Der lange Anmarsch zum Berg war schon nicht ganz einfach gewesen, denn ich hatte wohl die Zeit des Aufbruchs etwas zu früh im Jahr angesetzt. Zusammen mit den späten Schneefällen hatten wir nun noch Altschnee auf den höheren Pässen und einmal, als wir einen Steilhang querten, rutschte ein Träger aus, und wenn ihn nicht der Kleine Tendy, der hinter ihm ging, geistesgegenwärtig an der Schulter zu fassen bekommen hätte, dann wäre unsere Bergfahrt unter einem düsteren Stern gestanden.

So aber war es nur die Last, die der Träger verlor, und die, immer wieder aufschlagend, über den Steilhang hinunterfiel und aus unseren Augen entschwand.

Solche kleinen Vorkommnisse bringen die Sherpas aber nicht aus der Ruhe, und wir Bergsteiger machten alle eine Pause, in der wir ihnen zusahen, wie sie lachend und sich unterhaltend der verschwundenen Last nachkletterten und eine halbe Stunde später, ein jeder ein Stück der geborgenen Fracht tragend, ebenso lachend wieder auftauchten.

Nur der Kleine Tendy blieb auffallend ernst, und ich dachte mir, dass er vielleicht gerade ein trauriges Vorkommnis in der Familie oder etwas Ähnliches erlebt hatte. Sherpas reden über solche Dinge nie mehr im Nachhinein, und auch nicht über Verstorbene. Sherpas glauben nämlich, dass ansonsten deren Seelen wieder zurückkommen würden und nicht die Freiheit erlangen, die sie brauchen und die ihnen zusteht. Deshalb beten auch in Häusern von Verstorbenen ein oder mehrere Lamas für zweiundvierzig Tage, um die Seele vom Haus loszulösen und in die Freiheit des Universums zu entlassen.

Tendy war in diesen Tagen auffallend ernst, nie sah man ihn entspannt und heiter. Nicht einmal nach dem Gipfel, als alle anderen in ausgelassener Stimmung waren, sollten wir ihn lachen sehen.

Wir kampierten am Ufer eines der fünf Seen von Panch Pokhari und bestaunten die unzähligen kleinen, eisernen Dreizacke, die am Rande des Wassers im Boden steckten. Hinduistische Pilger hatten sie hinterlassen. Der Ort ist heilig, vielleicht auch deshalb, weil es hier niemals etwas zu holen gab außer der Schönheit der Natur und der inneren Einkehr und seiner eigenen Mitte.

Beim Abstieg ins Hinku-Tal mussten wir ein kleineres Seitental queren. Auf einmal war der Weg zu Ende. Wir standen am Rande eines riesigen Grabens, der wenige Monate vorher noch nicht da gewesen war. Die ganze Flanke war in einer Höhe von einigen hundert Metern hinabgebrochen, und über den steilen, moränenartigen Schutt mussten wir uns nun einen neuen Weg suchen. So erreichten wir das Hinku-Tal erst am späten Nachmittag und sahen, dass auch hier das ganze Tal verwüstet war.

Die Sherpas erzählten uns, dass ganz hinten, oberhalb von Tangnag, am Ende des Tales, der Gletschersee durch einen Eissturz übergegangen war, in die ihn einfassende Stirnmoräne innerhalb von wenigen Stunden eine hundert Meter hohe Bresche gerissen und mit einer riesigen Flutwelle das ganze Tal hinausgespült hatte.

Da, wo ich in den Jahren vorher über freundliche Almwiesen zwischen blühenden Rhododendren bergwärts gewandert war, herrschte jetzt das Chaos: hausgroße Steinblöcke, Schutt und nirgendwo mehr ein Anzeichen von Grün. Zwei Tage später erreichten wir Tangnag. Die Almbewohner erzählten, dass der Gletschersturz um etwa sechs Uhr früh erfolgt war. Aber ihre Yaks waren vorher schon unruhig gewesen und hatten sich auf höher gelegene Weiden geflüchtet. Die Menschen hatten den Hinweis verstanden und waren ihnen gefolgt. So kam es, dass im ganzen Tal kein einziges Menschenleben zu beklagen war. Nur wenige Häuser, die dem Tal am nächsten standen, waren mitgerissen worden. Aber Häuser konnte man schließlich ersetzen, und Steine dafür waren ja genug vorhanden.

Wir saßen vor unserer Hütte und bestaunten die Stirnmoräne des Gletschersees. Es war, als hätte ein Titan mit seinem Schwert eine Kerbe hineingeschlagen.

Wie es üblich ist, arbeiteten wir uns in den nächsten Tagen nach oben. Zuerst auf die nächste Alm auf fünftausend Metern Höhe, dann zum Hochlager, schließlich zum Gipfel und wieder auf die Alm. Hier nun genossen wir wieder das erste Bier, gefolgt von einigen weiteren, verzogen uns dann aber bald in unsere Zelte. Fast bis Mitternacht drang noch das Lachen und Singen unserer Sherpas aus den Steinhütten.

Der folgende Tag war wieder strahlend schön, und bei bester Stimmung stiegen wir von der Alm ab. Ich wollte heute gerne allein mit meinen Gedanken sein und ließ meine Gruppe deshalb vorausgehen. Ich war noch nicht sehr weit gegangen, als ich spürte, dass jemand hinter mir ging. Ich trat etwas zur Seite, um ihm auf dem schmalen Steig den Vortritt zu lassen. Aber auch er war stehen geblieben. Ich drehte mich um. Es war der Kleine Tendy. Ich lächelte ihn freundlich an, und er grüßte mit ernstem Gesicht zurück. Ich setzte mich auf einen Rasenpolster und winkte mit der Hand, um ihm zu zeigen, dass er ruhig weitergehen könne, aber er setzte sich neben mich.

Nach einer Weile stand ich wieder auf und stieg weiter ab. Tendy blieb knapp hinter mir. Am Fuß der Stirnmoräne, in die die Woge des Gletschersees eine solch gewaltige Kerbe gefressen hatte, setzte ich mich wieder hin. Und als ich wieder aufstand, war noch immer Tendy hinter mir. Weiter unten wurde der Weg breiter und flacher, und Tendy ging nun neben mir.

Plötzlich fragte er: „Rudisör, darf ich dir etwas erzählen?"

„Aber natürlich, Tendy."

„Gestern ist etwas Schreckliches passiert."

„Was kann denn schon Schreckliches passiert sein, Tendy. Wir waren am Gipfel und haben danach gefeiert."

„Nein, Rudisör. Es ist etwas ganz Schreckliches passiert."

Nun blieb ich stehen und sah ihm in die Augen. „Was, Tendy? Erzähl es mir. Du brauchst keine Angst zu haben."

„Ich habe jemanden attackiert!"

„Attackiert? Eine Rauferei?"

Tendy gab vorerst keine Antwort. Die Alm dort oben war derartig klein, dass wir anderen einen solchen Vorfall bemerkt hätten.

„Hast du jemanden verletzt?"

Keine Antwort.

„Sie verfolgen mich", sagte Tendy nur.

„Wer soll dich verfolgen?"

„Seine Verwandten."

„Also Tendy, ich kann mir nicht vorstellen, dass an einem derart friedlichen Ort gestern sich ein solcher Vorfall ereignet hat."

„Doch, Rudisör. Sie verfolgen mich. Sie wollen mich umbringen."

Wir gingen weiter talauswärts, und eine Weile sagte ich gar nichts, weil ich mir das alles nicht erklären konnte.

„Ich habe Angst, Rudisör. Nächste Nacht werden sie mich umbringen."

„Dich umbringen. Unsinn."

„Doch. Weil ich jemanden attackiert habe."

„Ja, hast du ihn verletzt? Oder getötet?"

Er gab keine Antwort.

„Du kannst nächste Nacht bei mir im Zelt schlafen", sagte ich. „Bei mir passiert dir nichts."

„Ja", sagte er nur. Und dann: „Rudisör?"

„Ja?"

„Du darfst aber kein Wort davon an Mangale verraten."

„Nein, natürlich nicht."

Mangale war bei dieser Tour wieder unser Sirdar und deshalb auch so etwas wie Tendys Chef.

So trotteten wir talauswärts in Richtung Khote, das auf etwa dreitausendsechshundert Meter liegt.

Tendys Verhalten blieb gleich sonderbar, wie es schon seit dem Morgen gewesen war, und deshalb nahm ich ihn noch einmal zur Seite, bevor wir Khote erreichten, wo der Rest der Gruppe auf uns wartete.

„Tendy", sagte ich, „es hilft jetzt alles nichts mehr. Ich kann mir deine Geschichten beim besten Willen nicht erklären. Deshalb muss ich mit Mangale reden. Wir brauchen seine Hilfe. Du brauchst ja keine Angst zu haben."

Ich nahm ihn aufmunternd bei den Schultern, und Tendy nickte zustimmend.

Das Zusammensein am Abend in Khote war wieder freundschaftlich und harmonisch. Meine Gruppe bestand ausschließlich aus netten Leuten. Maria Peters war wieder mit von der Partie, und besonders freute mich, dass nach fast zwanzigjähriger Absenz meine alten Freunde Marlene und Bernd wieder einmal dabei waren. Ich verschob das Gespräch mit Mangale um ein und das andere Bier. Aber schließlich musste ich doch aufstehen und den Tatsachen ins Auge sehen. Ich nahm Mangale auf die Seite und erzählte ihm, wie sonderbar sich Tendy verhalten hatte. Mangale konnte es sich genauso wenig erklären. Aber er sagte, er werde besonders auf ihn aufpassen und ihn in seinem Zelt schlafen lassen. So setzte ich mich wieder beruhigt zu meiner Gruppe an den Tisch.

Ich liebe solche Abende in den Himalayatälern. Als lebenslanger Kämpfer gegen meine Kilos fühlte ich mich nun, nach getaner Plackerei, innerlich und äußerlich pudelwohl, scherzte und lachte mit den anderen und hörte den Sherpas zu, wie sie ihre Refrains sangen. Darüber hatte ich ganz auf die Gespräche mit dem Kleinen Tendy vergessen.

Die Nacht verbrachten wir wieder in unseren Zelten, doch als ich am nächsten Morgen zum Frühstück ging, fielen mir sofort die grauen, eingefallenen Gesichter unserer Sherpas auf. Die meisten hatten auch schwarze Dreiecke unter den Augen, ein Zeichen äußerster Ermüdung, und der eine oder andere schwankte sogar, wenn er aus dem Küchenzelt kam. Nie in meinem Leben hatte ich solch erschöpfte Sherpas gesehen, nicht einmal nach dem Gipfelgang auf einen Siebentausender. Ich sinnierte darüber nach und wollte schon unseren Sirdar fragen, aber Mangale kam mir zuvor.

„Rudisör", sagte er. „Heute Nacht haben wir Tendy verloren."

„Verloren?", fragte ich und blickte zum Küchenzelt. Tendy saß ganz friedlich auf einer Bank und schien nur in Gedanken verloren.

„Er kroch aus meinem Zelt", sagte Mangale, „und sagte auf einmal, er werde sich umbringen, und plötzlich war er verschwunden und ist nicht wiedergekommen. Wir haben ihn alle die ganze Nacht gesucht."

„Warum habt ihr mir nichts gesagt?"

„Wir wollten deinen Schlaf nicht stören."

Nicht stören. Vielleicht schämten sie sich für ihren Freund, und ich hätte ihnen ohnehin keine große Hilfe sein können, müde, wie ich gewesen war, dachte ich mir.

„Mein Gott", sagte ich dann, „wie habt ihr ihn nur wieder finden können in diesem Chaos?", und wies auf das breite, mit riesigen Felsblöcken übersäte Tal.

„Wir haben alle die ganze Nacht gesucht. Im Morgengrauen haben wir ihn gefunden. Eigentlich hat ihn Camera Dawa gefunden. Ohne ihn wären wir ganz chancenlos gewesen."

„Ja", nickte ich.

Ich wusste, dass Camera Dawa, der deshalb so hieß, weil er Maria Peters beim Fotografieren assistierte, ganz besondere Qualitäten auszeichneten. Seine Instinkte und seine Intuition waren wie die eines Tieres. Eine seiner Besonderheiten war auch, dass er sich beharrlich weigerte, Englisch zu lernen oder auch nur ein einziges englisches Wort zu verwenden, aber trotzdem mit einem enormen Feingefühl in jeder Situation richtig zu reagieren.

„Und jetzt", fragte ich leise, „was tun wir jetzt?", und wies verstohlen zu Tendy, der völlig abwesend, aber ruhig im Küchenzelt saß.

„Er ist wieder ganz normal", meinte Mangale und blickte ebenso hin.

In diesem Moment sprang Tendy auf, rannte blitzartig zu einem Küchenjungen hin, der gerade mit einer Ladung Feuerholz auf den Armen des Weges kam, riss ihm das *Khukri*, ein zur Klingenseite gewölbtes Messer, das bei den Nepali als Allzweckwerkzeug verwendet wird, aus der Scheide und lief, flink wie ein Wiesel, davon.

Alles war so schnell gegangen, dass keiner von uns auch nur die leiseste Chance gehabt hätte, ihn aufzuhalten.

Doch sofort bildeten unsere Sherpas kleine Suchtrupps und schwärmten über das ganze Tal aus. Ich begab mich an den Rand der Seitenmoräne und sah, wie sie achtzig Meter tiefer das Hunderte Meter breite Bachbett des Hinku absuchten, hinter jeden großen Stein sahen, einige talauf- und einige talabwärts. Schließlich, nach quälenden zwei Stunden, hörte ich sie auf der anderen Seite des Tales rufen. Ich rannte, so schnell ich konnte, mit meiner Medikamentenbox zu ihnen. Wieder hatte ihn Camera Dawa gefunden. Tendy zitterte am ganzen Körper. Das Schwert hatte man ihm schon abgenommen, und alle redeten beruhigend auf ihn ein. Ich erreichte die Gruppe außer Atem und fingerte Lexotanil aus meiner Box, ein Diazepam, das bei Platzangst, Flugangst und Paranoia bewährt ist. Ich gab ihm davon, gleich darauf wurde er ruhiger.

Wir banden ihm ein dünnes Kletterseil um die Taille und führten ihn, so gesichert, zurück zu unserem Camp. Ich hatte genügend Medizin für mindestens eine Woche und in den folgenden Nächten passten seine Sherpafreunde auf ihn auf und hielten abwechselnd Nachtwache. So begannen wir den Aufstieg über den letzten Pass, der uns von Lukla trennte.

Die Sherpas waren dermaßen müde, dass sie sogar hinter uns gingen und sich immer wieder hinsetzen mussten, um zu rasten. An einer der Steilstufen oberhalb von Mosom Kharka wankte Camera Dawa, aber Maria reichte ihm die Hand und zog ihn zu sich herauf. Dawa grinste. „Fit again?", sagte er zu Maria.

Maria hatte sich nur ein halbes Jahr zuvor im Marshyangdi-Tal das Bein gebrochen, und Dawa war damals ebenso dabei gewesen und hatte bei der Bergung tatkräftig geholfen.

Wir alle staunten. Es waren die ersten englischen Worte, die wir aus seinem Mund vernahmen, und so lachte plötzlich die ganze Gruppe, und wir setzten uns an den Wegrand und zündeten uns gemeinsam Zigaretten an.

Wie eine Karawane von müden, alten Pilgern zogen wir dann über den Pass, mit dem Kleinen Tendy am dünnen Seil im Schlepptau. Ruhig und ernst ließ er alles geschehen.

In Lukla gab es damals schon ein Telefon, und ich rief zu Hause bei Hannes Seiwald an, um ihn um Rat zu bitten. Hannes war schon am Tilicho Peak dabei gewesen und ein Jahr vorher am Mera Peak. Er ist zwar „nur" Gynäkologe, hatte aber auch Psychologie studiert und ist darüber hinaus mit einem gesunden Hausverstand gesegnet. Er meinte, dass ich völlig richtig gehandelt habe, aber Tendy gehöre nun in einer Psychiatrie stationär für drei Monate aufgenommen, wo man mit der gleichen Medikamentierung fortfahren solle.

Am nächsten Tag nahmen wir Tendy mit dem Flugzeug mit nach Kathmandu, denn ich war frohen Mutes, dass wir dort professionelle medizinische Hilfe für ihn finden würden. Wir lieferten ihn in der Obhut seiner Familie ab, und ich konnte mich um die üblichen Erledigungen im Ministerium und in der Agentur kümmern.

Am nächsten Tag flog meine Gruppe nach Hause, und ich hatte für die kommenden zwei Tage alle Zeit der Welt, um für Tendy einen adäquaten Beistand zu finden. So dachte ich jedenfalls. Doch bald fand ich heraus, dass es in ganz Kathmandu keinen einzigen niedergelassenen Psychiater gab, und genauso wenig gab es ein psychiatrisches Krankenhaus. Ange-

139

sichts des Umstandes von über einer Million Einwohnern, die Kathmandu damals schon verzeichnete, waren dies erstaunliche Tatsachen.

Also setzte ich mich mit Tendy in ein Taxi und wir fuhren zu dem Ort, an dem man mir die städtische Irrenanstalt angesagt hatte. Ich werde mein Lebtag nicht mehr vergessen, wie der Fahrer des Taxis mit Tendy wartete, der ergeben am Beifahrersitz saß, während ich durch die Pforte die Irrenanstalt betrat. Der verwilderte, verwachsene Gehweg führte zu einem großen verwahrlosten Haus. Ich hatte den Eingang noch nicht erreicht, als mich die Verwahrlosung des Gebäudes und die unmenschlichen Schreie, die aus seinem Inneren drangen, auf der Stelle kehrtmachen ließen. Wieder an der Pforte, hielt ich inne und blickte zum Wagen hin. Tendy saß noch immer bewegungslos, folgsam und mit ernstem Gesicht im Taxi. Er war schon auf so vielen siebentausend Meter hohen Bergen gestanden, in seiner ganzen Würde als Bergsteiger und Climbing Sherpa und seiner Seele in seiner Mitte, aber dieses Mal war etwas Dunkles, etwas Böses, eine andere Kraft stärker als er selbst gewesen und hatte ihn übermannt. Ich hörte immer noch die Schreie aus dem Inneren der Irrenanstalt und erinnerte mich der lichten, sonnenüberfluteten Höhen, denen der Kleine Tendy, mir in Augenhöhe und mit heiterem Antlitz, gegenübergestanden hatte, und schämte mich, dass ich auch nur einen Sekundenbruchteil daran gedacht hatte, ihn hier, an diesem finsteren Ort, zu deponieren, wie man ein lästig gewordenes Anhängsel seines eigenen, hinterfragenswerten Lebens loswerden möchte. Dieser Ort bildete fraglos die andere Seite des menschlichen Seins, das Dunkel und die Aussichtslosigkeit. Tendy aber war ein Mensch des Lichts. Nein, hier konnte ich ihn ganz unmöglich zurücklassen.

Meine Stimmung war niedergeschlagen. So fuhren wir wieder zu seiner Familie zurück, und ich hinterließ seiner Frau meine letzten Medikamente mit der Anweisung für die Einnahme. Sie sollten noch für eine weitere Woche reichen.

Am nächsten Tag ging unser Nachhauseflug.

In den kommenden Wochen und Monaten blieb ich mit dem Großen Tendy in Kontakt und erkundigte mich immer wieder nach unserem Patienten. Am Anfang klangen die Nachrichten vielverheißend. Für höhere Berge konnte man den Kleinen Tendy zwar nicht mehr einsetzen, aber mit vereinten Kräften und Verbindungen schafften es die Sherpas, für ihn eine Stelle in der amerikanischen Botschaft zu bekommen. Ich war erleichtert. Hier hatte er vielleicht einen sicheren Job für das ganze Leben. Aber die schlechte Nachricht folgte zwei Wochen später. Tendy hatte wieder einen seiner Anfälle gehabt und bei einem festlichen diplomatischen Anlass das ganze Buffet verwüstet und sämtliche Gläser zerschlagen. Natürlich wurde er sofort entlassen. Also nahm ihn seine Familie wieder in ihre Obhut, und abwechselnd passten die Mitglieder Tag und Nacht auf ihn auf.

In vielen Gesprächen mit dem Großen Tendy erfuhr ich später, was die Sherpas als Ursache für die mentale Krankheit des Kleinen Tendy annahmen: Im Dachboden seines Hauses wohnte ein böser, unerlöster Geist und suchte ihn von Zeit zu Zeit heim.

Beim nächsten Besuch in Nepal sah ich Tendy nicht, aber erkundigte mich nach ihm. Mir schien fast, als wären die Antworten ausweichend gewesen, aber ich wollte nicht weiter nachbohren. Beim übernächsten Mal erzählte man mir, dass er wiederhergestellt wäre.

Der Onkel von Tendys Frau Mingma war ein berühmter Mönch in Bodnath und hätte ihn geheilt. Der Große Tendy erzählte mir von Butterfiguren, die der Mönch geformt und besprochen und sie dann in ihre jeweiligen Positionen gestellt habe, wo sie hingehörten, und dass er darüber den bösen Geist ausgetrieben habe.

Ich dachte sofort an eine Art Familienaufstellung, wie sie bei uns im Westen üblich ist. Aber die Aussagen vom Großen Tendy dazu blieben vage. Als ich ihn bat, den Mönch kennenlernen zu dürfen, sagte man mir bereitwillig seine Adresse und wann er anzutreffen sei. Ich ging an drei aufeinanderfolgenden Tagen nach Bodnath, aber der Mönch war nie da.

Vielleicht wollte man mir das Geheimnis der Heilung nicht erzählen und die asiatische Höflichkeit erlaubte es nicht, mir dies in direkter Form mitzuteilen.

Tatsächlich war der Kleine Tendy völlig wiederhergestellt. Er sollte nie mehr einen Rückfall erleiden. Nach meinem dritten erfolglosen Versuch, den Mönch kennenzulernen, stieg ich ins Taxi und fuhr von Bodnath nach Lazimpat zurück. Während der Fahrt dämmerte mir beruhigend, dass kein Mensch auf dieser Welt für immer verloren sein musste. Wo auch immer die kleinste Gemeinschaft sich zusammenfindet, im tiefsten Dschungel oder in der trostlosesten Wüste, wird immer einer darunter sein, der weiß, wie man ein gebrochenes Bein schient oder ein Geschwür heilt oder ein zerzaustes Seelenkostüm wieder glättet. Auch in der winzigsten Sozietät muss niemand allein sein.

Zwei Jahre später war der Kleine Tendy wieder auf hohen Bergen unterwegs. Als hätte sich eine Schleuse geöffnet, bestieg er in rascher Folge den Cho Oyu, den Dhaulagiri, den Lhotse und die Annapurna IV. Er hatte seine Fröhlichkeit zurückgewonnen, auch wenn seine Grundstimmung eine ernste ist. Doch dies ist ihm wahrscheinlich angeboren.

Ich wusste damals schon lange, dass der Kleine Tendy im tibetischen Jahr des Büffels geboren ist. Die Büffeljahre sind 1949, 1961, 1973 und so fort. Alle zwölf Jahre wiederholt sich das Jahr des Büffels, genauso wie alle anderen Zeichen.

Manchmal sehe ich Tendy für ein halbes Jahr nicht oder ein ganzes. Aber wenn wir wieder zusammen in den Bergen unterwegs sind, wie das letzte Mal, passiert es mir, dass ich ihm eines Abends sage, dass ich weiß, er sei im Jahr des Büffels geboren, nämlich 1973, und mich damit irre, nur weil er so jung aussieht und eine solche Lebensfreude ausstrahlt. Aber dann korrigiert er mich: „Nein, nein, Rudisör. Schon richtig, ich bin im Jahr des Büffels geboren. Aber im Jahre 1961. Ich bin ja schon über fünfzig. Du hast dich um zwölf Jahre vertan." Und dann lachen wir und reden nicht mehr über die Vergangenheit, sondern darüber, was wir zusammen noch alles vorhaben und unternehmen werden.

DER GROSSE TENDY
UND DAS ENDE DER ABSTINENZ

Eines Nachmittags rief mich der Große Tendy in meinem Hotel in Kathmandu an und bat mich um ein Treffen im Garten des Hotel Shangrila. Als ich durch die Empfangshalle und den langen Gang mit den alten Schwarzweiß-Fotografien an den Wänden ins Freie gelangte und Tendy vor einem Glas Wein sitzen sah, wusste ich sofort, dass etwas Schlimmes vorgefallen war. Denn ich kannte Tendy nun seit achtzehn Jahren und nie hatte ich ihn Alkohol trinken sehen.

Neben ihm saß, den Rücken mir zugewandt, ein Tourist. Er hatte sein linkes Bein auf einen Stuhl gelegt. Es war dick verbunden. Und auch der rechte Fuß war verbunden. Beim Näherkommen erkannte ich Martin Minarik, den bekannten tschechischen Bergsteiger. Er hatte sich beide Füße erfroren, aber, noch schlimmer, sein Partner war bei ihrem gemeinsamen Abstieg vom Lhotse auf etwa achttausenddreihundert Metern Höhe ums Leben gekommen.

Sherpas lassen sich ihre Empfindungen nicht so oft ansehen. Aber dass er nun hier bei einem Glas Wein saß, nach so langer Abstinenz, sah ich als Auszeichnung für den Großen Tendy, denn er war mit beiden Bergsteigern befreundet gewesen. Sie hatten immer ihre Touren über seine kleine, verlässliche Agentur gebucht, und nie war es zu einem größeren Zwischenfall gekommen.

Martin erzählte vom Abstieg, von der Erschöpfung, und wie sein Freund schließlich an einer Steilstufe abgestürzt war, nicht sehr weit, etwa zwanzig oder dreißig Meter, aber weit genug, um reglos auf einem Felsvorsprung liegen zu bleiben und schließlich in Martins Armen zu sterben.

Martin schaffte den Abstieg über den Südsattel, den Genfer Sporn, das Western Cwm und den langen, gefährlichen Khumbu-Gletscher bis ins Basislager allein. Denn seine Taktik war es immer gewesen, ohne die Begleitung von Sherpas auf hohe Berge zu steigen. Aus diesem Grund hatte es auch nie eine Rückendeckung, ein schützendes Zelt oder eine wärmende Suppe gegeben oder jemanden, der ihm die Steigeisen auszog, wenn er mit schmerzenden Gliedern, trockener Kehle und brennenden Augen in einem Hochlager angekommen war.

Tendys Aufgabe war es nun, Martin so schnell wie möglich mit einem Flugzeug nach Hause zu bringen. Als wir uns von ihm am Flughafen in Kathmandu verabschiedet hatten und zusahen, wie ein Angestellter von Qatar Airways ihn hilfsbereit durch die Sicherheitskontrollen stützte, gingen wir erleichtert zu Tendys kleinem Suzuki und fuhren wieder in die Stadt.

„Gestern habe ich dich zum ersten Mal Alkohol trinken sehen", sagte ich zu meinem alten Freund.

„Ach, Rudisör, du glaubst nicht, was für ein Strolch ich war, bevor ich Mingma kennenlernte!" Mingma war seine Frau, eine hübsche, gebildete Sherpani mit lustigen Grübchen an den Wangen, die ihm drei Kinder geschenkt hatte.

Er nahm nun mit dem Wagen die Abkürzung von der Ringstraße über den Fußballplatz nach Lazimpat. Der Weg war sehr schlecht, und die Schlaglöcher ließen mich mehrere Male mit dem Kopf an den Plafond stoßen.

„Als wir das erste Mal auf den Everest gestiegen waren, meine drei Freunde und ich, da beschlossen wir bei unserer Rückkehr in Namche Bazar, uns einen anzusaufen. Wir waren neunzehn Jahre alt. Also bestellten wir im Gasthaus vier Bier, und einer von uns sagte, dazu eine Flasche Brandy.

Eine Flasche? Setzte ein anderer dagegen.

Ja, ja, für den Anfang.

Nein, nein, für *jeden* eine Flasche, sagte der eine.

Glaubt ihr nicht, dass dies etwas viel ist für den Anfang, ausgebrannt wie wir sind?

I wo, sagte der dritte. Das packen wir leicht."

Tendy steuerte seinen Wagen an einem großen Stier vorbei, der friedlich mitten auf der Fahrbahn lag. Den Stier kannte ich auch schon seit mindestens zehn Jahren. Er schien das Faktotum des Viertels zu sein und wurde von allen Gemüsehändlern gemeinsam gefüttert.

„Und was passierte dann?", fragte ich.

Tendy lächelte spitzbübisch. Bei der Antwort ließ er genüsslich die Rs über den Gaumen rollen: „And then it took one week until our brains were working properly again."

„Angefangen hast du als Küchenjunge", sagte ich.

„Ja, so wie alle anderen auch. Aber ich arbeitete mich schnell hinauf. Lernte Englisch, besuchte Kurse, bis ich wusste, wie man mit dem Seil umgeht und Menschen aus einer Gletscherspalte holt. So wurde ich Climbing Sherpa. Dann verließ ich Bandar, meinen Geburtsort, und ging nach Kathmandu. Dort hatte ich dann schon mein eigenes Zimmer. Aber meine Zimmerwirtin war unglücklich mit mir."

„Wieso, Tendy?"

„Ich raufte und rauchte und trank und spielte und einmal, als ich heimkam und in den ersten Stock zu meinem Zimmer wollte, ging ich in meinem Dusel einfach den Hausgang weiter und durch das abschließende große Glasfenster durch und landete einen Stock tiefer im Hof, inmitten der Scherben.

„Oje", sagte ich. Tendy steuerte seinen Wagen in die Einfahrt meines Hotels.

„Hab mir nicht viel getan, nur ein paar Schnitte. Und ein gebrochenes Bein", sagte er.

Wir stiegen aus und gingen durch die Rezeption in den Garten und setzten uns an einen Tisch. Der Kellner kam, und wir bestellten Tee.

„Aber eines Tages klopfte es an meine Tür. Ich öffnete und draußen stand meine Vermieterin. Sie war in Begleitung einiger weiblicher Verwandter. Alle hatten sie ein kleines Geschenk für mich und überreichten es mir und baten mich dabei inständig, doch endlich mein Zimmer zu verlassen. Sie würden mir auch die ausständige Miete von einem halben Jahr erlassen, wenn ich nur endlich ginge."

„Und dann?"

„Ich ging. Sie waren alle erleichtert. Doch ich war ein guter Climbing Sherpa. Dann lernte ich Mingma kennen, und wir bekamen unsere Kinder und nicht viel später starben mein Bruder und seine Frau am Alkohol. Wir nahmen auch ihre beiden Kinder zu Hause auf und nun ziehen wir sie groß."

„Du hast es weit gebracht. Du hast deine eigene Expeditionsagentur gegründet. Dein Geschäft läuft gut. Du hast Hilfsprojekte für Taubstumme gegründet und ihnen ein Heim gebaut, du gehst jeden Morgen mit dem Innenminister Tennis spielen …"

„Ja, ich bin ganz zufrieden mit meinem Leben."

Ein Jahr später traf ich Martin Minarik wieder. Es war wieder im Garten des Shangrila, und wieder war Tendy dabei. Martin zeigte uns seine Zehen. Man hatte ihm in der Klinik in Prag unter telefonischer Beratung des Innsbrucker Chirurgen Professor Margreiter Gewebe vom Gesäß entnommen und das abgestorbene, nekrotische Gewebe der Zehen damit ersetzt. So konnte man verhindern, dass Martin zum Krüppel wurde. Als ich die Zehen sah, dachte ich mir, dass er damit keinen Schönheitswettbewerb mehr gewinnen würde. Aber das musste er ja auch nicht.

Er sprach schon wieder begeistert von seiner nächsten Expedition und schien mir dabei etwas manisch zu sein, so wartete ich eine Unterbrechung seines Redeflusses ab und sprach dann eindringlich auf ihn ein: Wenn er schon nicht von den Achttausendern lassen könne, so solle er wenigstens seine Methodik ändern.

Er blickte mich verständnislos an.

„Nimm zwei oder drei Sherpas mit, wenigstens auf eine Höhe von sechstausendfünfhundert Metern", sagte ich. „Lass sie in einem Zelt auf deine Rückkehr warten. Ein sicherer Hort. Ein fester Pfeiler in deinem Leben. So hast du deinen Rückzug gedeckt."

Aber davon wollte Martin nichts wissen.

Im Jahr darauf war ich gerade von einem Trekking zurückgekommen und in der Dusche meines Zimmers verschwunden, als ich das Telefon läuten hörte. Es war Tendy, der mich bat, in den Garten des Hotels Shangrila zu kommen. Dieses Mal saß er allein dort, und wieder vor einem Glas Wein.

„Martin ist nicht zurückgekommen", sagte er. „Er hat die Annapurna überschritten, den langen, langen Weg hinüber bis zum Glacier Dome, und ist beim Abstieg auf der Manang-Seite verschwunden. Ich habe vier meiner besten Climbing Sherpas mit dem Hubschrauber auf sechstausendfünfhundert Meter bringen lassen, und dort haben sie ihn drei Tage lang gesucht, aber nicht einmal eine Spur von ihm gefunden."

Man hat von Martin Minarik wirklich nie mehr etwas gefunden. Irgendwo zwischen sechstausendfünfhundert und siebentausend Metern muss er liegen, wahrscheinlich metertief von Schnee bedeckt.

Inzwischen sind Tendys Töchter erwachsen. Sie sind unter der Betreuung von Mingma zuerst Klassenbeste, dann Schulbeste und schließlich Bezirksbeste geworden. Manchmal klagte mir Tendy unter Lächeln sein Leid und gestand, dass er manchmal lieber im Büro sei als zu Hause, weil er das ewige Abfragen seiner Töchter vor Prüfungen durch Mingma nicht mehr hören kann.

Tendy hat das Heim für taubstumme alte Frauen am Rande von Kathmandu, im Tempelbezirk von Bodnath, liebevoll fertig gebaut, und als wir dort einmal vorfuhren, begrüßten uns die Heimbewohner und legten uns Blumengirlanden um den Hals, der Heimleiter hielt eine Ansprache und ein kleines Mädchen trug ein Gedicht vor.

Auch sonst lässt Tendy andere an seinem bescheidenen Wohlstand teilhaben. In seinem Heimatort Bandar hat er das Kloster renoviert, und wenn einer seiner Jungs in der Zwischensaison oder im Winter einmal keine Trekkinggruppe oder Expedition begleiten kann, so entlässt er ihn deshalb nicht einfach, sondern sieht zu, dass man gemeinsam über die magere Zeit kommt, indem sie die Ausrüstung und die Zelte reinigen und reparieren oder Ausbesserungen an seinem Haus vornehmen. Und wenn einmal einer wie unser Salami Dawa wochenlang in irgendwelchen Kneipen abstürzt oder sich mit einer Trekkinggruppe zu seinen eigenen Ungunsten verkalkuliert hat, dann greift Tendy in die eigene Tasche und hilft mit einem Vorschuss aus.

Aber Tendy selbst hat, Gott sei Dank, bis zum heutigen Tag nie mehr richtig zu trinken begonnen. Nur manchmal, wenn er mir seine Sorgen beichtet, weil ein Tourist die vereinbarte Summe für die Evakuierung durch einen Hubschrauber nicht bezahlt hat und Tendy die Rechnung aus seiner eigenen Tasche begleichen muss, oder seine Töchter sich unbedingt einbilden, auf einer amerikanischen Elite-Universität zu studieren, was ein Vermögen kosten würde, oder ein Bergsteiger ums Leben gekommen ist, dem er nahestand, dann ertappe ich ihn mit einem leichten Zungenschlag. Aber all das passiert ganz selten, fast so selten wie eine Begegnung mit dem sagenhaften Schneemenschen.

SANTA GURUNG

Die Spur, die sich im Licht des Vollmonds wie ein silberner Faden über den Gletscher nach oben gezogen hatte, war mit einem Mal zu Ende. Santa und ich blieben stehen und verschnauften. Ich nestelte den Höhenmesser hervor. Er zeigte genau sechstausend Meter. Wir blickten nach vorne. Jetzt wussten wir, warum am Tag vorher genau hier eine dreizehnköpfige australische Gruppe aufgegeben hatte.

Denn vor unseren Füßen war eine Gletscherspalte. Wir blickten forschend nach links, dann nach rechts, um eine Umgehungsmöglichkeit zu finden. Doch die Spalte schien sich um den halben Berg zu erstrecken. Wohin wir auch sehen konnten, war, einmal an der Oberfläche breiter, dann wieder schmäler, die Spalte. Ich begutachtete das Gelände. Demnach handelte es sich bei unserem Hindernis um eine sogenannte A-Spalte. Dieser Spaltentypus entsteht, wenn beispielsweise das Eis eines Steilhangs in einen flacheren Teil des Berges oder eine Mulde ausläuft.

Das Eis eines Gletschers fließt ja nicht bloß, sondern gleitet auch auf dem felsigen Untergrund nach unten. In diesem Fall also musste die (tieferliegende) Gleitbewegung größer als die Fließbewegung der Oberfläche gewesen sein, und mir war bei dem Gedanken nicht sehr wohl, dass wir zwei prächtige Gesellen samt Rucksäcken auf Nimmerwiedersehen in einer solch beinahe grundlosen Spalte der Ewigkeit entgegendämmern könnten.

Also überlegten wir. Wir sahen wenige Meter neben uns eine zierliche, überaus zerbrechlich wirkende Schneebrücke –

die einzige Hoffnung, die Spalte zu überschreiten. Der obere Spaltenrand war, bedingt durch die Steilheit des Hanges, wesentlich höher als der untere, an dem wir jetzt standen. Wenn wir es schafften, über die Brücke zu kommen (und die Brücke nach uns oder durch die Einwirkung der beginnenden Tageswärme zusammenbräche), dann konnten wir im Abstieg mit einem gewagten, weiten Sprung die Spalte bewältigen.

Hier konnte es nun keine Diskussion geben, wer als Erster versuchen musste, über die Brücke zu gehen. Ich kannte Santa ja schon längere Zeit. Er war nicht nur einen Kopf kleiner als ich, sondern wog auch exakt die Hälfte von mir.

Wir hatten ein Hilfsseil mitgenommen und zogen es nun aus dem Rucksack und banden uns darein. Eigentlich war es kein Kletterseil, sondern nur eine sieben Millimeter dicke Reepschnur und nur fünfzehn Meter lang. Auf größeren Höhen wird man eben im Umgang mit Gewicht sparsam.

Wir hatten uns bereit gemacht, und Santa hielt schon seine beiden Eispickel in den Händen. Ich nickte ihm aufmunternd zu. Vorsichtig kroch er auf allen vieren die Brücke hinüber und nach oben. Erste Stücke brachen aus dem fragilen Gebilde und verschwanden lautlos im Nichts. Zentimeter um Zentimeter gab ich das Seil nach, immerzu gewärtig, bei einem Sturz Santas meinerseits nach unten zu springen, um damit seinen Sturz zu verkürzen. Es waren jetzt schon so viele Stücke aus der Brücke gebrochen, dass es ein Wunder war, wenn sie noch hielt. Aber in diesem Augenblick hatte Santa schon den oberen Spaltenrand erreicht, hieb die beiden Eisäxte in den Schnee und zog seinen Körper nach oben. Von der Brücke war nur mehr ein Fragment übrig geblieben. Er stieg nun noch etwa zehn Meter höher, dann trampelte er sich auf einem flacheren Absatz einen Standplatz in den tiefen Schnee. Er schien nun stabil genug zu stehen, um mich nachsichern zu können. Allerdings war es ihm wegen des tiefen Schnees nicht möglich, eine Selbstsicherung anzulegen. So zog er das verbliebene Seil ein, legte es sich über die Schulter und gab mir das Zeichen, loszuklettern.

Vorsichtig tat ich den ersten Schritt vom Spaltenrand weg. Die Luft anhaltend, setzte ich den zweiten Schritt. Die Brücke, oder was von ihr übrig war, konnte ganz unmöglich mein Gewicht halten. Und sie brach.

Mit den verbliebenen Resten der Brücke sauste ich nach unten, bis mich das gespannte Seil abfing. Ich drehte mich frei in der Luft und versuchte gleich, mich zu stabilisieren, indem ich mit den Frontalzacken des rechten Steigeisens die bergseitige Wand der Spalte zu erreichen suchte. Endlich hing ich stabil in der Reepschnur und blickte an ihr entlang nach oben. Durch das Einbruchsloch schimmerte schwach das Tageslicht. Die Reepschnur hatte sich durch den Sturz tief in die bergseitige Spaltenlippe eingegraben. Dann blickte ich nach unten. Tiefe, grundlose Schwärze.

Wenn es einen tieferen Sinn im Bergsteigen geben sollte, dann liegt er im Zwang, im Hier und Jetzt zu leben und zu handeln. Nicht im Gestern und im Morgen, sondern im gegenwärtigen Augenblick. Und mir blieb nicht viel Zeit.

Einige Sekunden überlegte ich, den Rucksack von den Schultern zu streifen, verwarf den Gedanken aber gleich wieder. Wie lange würde der kleine, nur halb so schwere Santa mein Gewicht halten können? Aus der Spalte herausziehen konnte er mich ganz unmöglich, denn dazu hätte es einen stabilen Standplatz mit Selbstsicherung und eine ausgefeilte, improvisierte Flaschenzugtechnik gebraucht.

Nima Dorjee, der fast tausend Meter tiefer im Zelt auf uns wartete, konnte auch keine Hilfe sein. Denn er würde sich erst bei Einbruch der Nacht auf die Suche nach uns machen, und bis dahin waren es noch zwölf Stunden. Außerdem wäre auch er völlig handlungsunfähig, stünde er doch auf dem talseitigen Spaltenrand.

Ich habe nie herausgefunden, warum sich Nima beharrlich verweigerte, wenn es auf einen höheren Berg ging. Vielleicht blieb ihm der tiefere Sinn dahinter verborgen (wenn es denn einen geben sollte), oder er weigerte sich, ihn sehen zu wollen. Vielleicht auch war er tiefreligiös (wiewohl ich hierfür nie ein Anzeichen wahrnehmen konnte) und er fürchtete die eigene Hoffärtigkeit, die mit der Besteigung eines hohen Berges verbunden sein kann. Auf jeden Fall wartete er jetzt in unserem gemeinsamen Zelt darauf, dass wir müde und durstig zurückkämen. Wieder dachte ich über Santa nach. Wie lange würde er mich noch halten können? Er war ganz sicher ein außergewöhnlich willensstarker Mensch. Am Abend vorher, im gemeinsamen Zelt, nach über zehnstündigem Aufstieg mit schwerer Last, hatte er mich noch gebeten, ihn Englischvokabeln abzufragen. Denn Santa hatte nie in seinem Leben eine Schule besuchen dürfen. Ich hatte ihn an diesem letzten Abend bewundert.

Meine Augen hatten sich nun an das Dämmerlicht in der Spalte gewöhnt. Und da entdeckte ich, dass die beiden Wände der Spalte, die stark A-förmig nach unten ins Dunkel verliefen, keinesfalls glatt und konturlos waren. Es gab hier vier oder fünf kleine, nasenförmige Absätze im Eis, bei deren Betrachtung ich mir die Bewegungsabläufe genau vorstellte, die nötig wären, um sie zu erreichen. Freilich hätte ich auch meine mitgebrachten Steigklemmen in die Reepschnur hängen und mit ihrer Hilfe hochklettern können. Aber das Seil war, so schätzte ich beim genaueren Hinsehen, wenigstens einen halben Meter im Spaltenrand eingeschnitten. Dies ist ein altes und schwerwiegendes Problem bei Spaltenstürzen, und mit ziemlicher Sicherheit würde auch ich unterhalb dieser Spaltenlippe scheitern.

Also entsann ich mich meiner altvertrauten Klettertechniken. Linke Spaltenwand, ganz hoch hinauf mit dem Steigeisen, rechts und wieder links, und plötzlich war ich mit dem Kopf wieder im Sonnenlicht, griff mit einer letzten Kraftanstrengung über die Lippe in die Reepschnur und wand mich aus dem Loch. Endlich, im Steilhang auf allen vieren kauernd, erbrach ich mich. Die schnellen Bewegungen und der Kraftaufwand in dieser Höhe hatten mich beinahe schachmatt gesetzt. Dann kroch ich auf allen vieren zu Santa hinauf. Er hatte keinen Millimeter nachgegeben.

Wir haben später am Gipfel nicht mehr über den Vorfall geredet, und auch in den darauffolgenden Jahren nicht. Nur beim Abstieg blieben wir kurz und andächtig oberhalb der Spalte stehen, nahmen dann abwechselnd einen Anlauf und sprangen hinüber und hinunter, auf die andere Seite, die ja wesentlich tiefer lag.

Übrigens sollte Santa Jahre später, im Alter von bald fünfzig Jahren, innerhalb nur weniger Monate neunzehn Kilo zulegen, aus mir unerfindlichen Gründen und ohne sichtbar dicker zu werden. Vielleicht hat er dieser Schutzhülle bedurft, jetzt, wo er fast ausschließlich Klienten auf den Everest, den Lhotse oder den Cho Oyu führte.

Nach dieser Tour aber stellte sich heraus, dass auch Santa nicht aus Stein war. Denn er litt an Zahnschmerzen, schmerzenden Knien und hatte Blut im Urin. Also nahmen wir einige Tage später den Russenhubschrauber nach Namche, wo ich in der Zahnklinik der einheimischen Dentistin assistierte, und

Santa Gurung

Nima Dorjee, „Rudi" Mayr und Santa Gurung im Hinku-Tal

wieder einen Tag später wartete ich vor dem Shanta Bhawan Hospital in Kathmandu auf Santas Untersuchungsergebnisse. Es war nur ein relativ harmloser Nierengrieß gewesen, der Santas Blutungen hervorgerufen hatte. Nur Santas Knie wollten nicht wieder werden, und er begann, sich nach einem anderen Broterwerb umzusehen.

Im Lande hatte es inzwischen rasende Veränderungen gegeben. Der König war samt Großfamilie und den meisten Bediensteten gemeuchelt worden. Eine kommunistische Splittergruppe im Parlament hatte durchgesetzt, dass ein jeder Nepali über sechzig Jahren eine monatliche Rente von sechshundertfünfzig Rupien erhielt. Dies wirkte sich geradezu explosiv auf die Alterspyramide aus. Bis dahin nämlich waren zwei Drittel der Bevölkerung unter zwanzig Jahren gewesen, und nun plötzlich erwies sich jeder Zweite, der sich vom Bürgermeister seines Heimatortes eine der begehrten Geburtsurkunden hatte ausstellen lassen, als Rentner. Das Gesetz wurde umgehend wieder abgeschafft, aber Santa, dessen Bestreben ohnehin immer auf Selbstständigkeit ausgerichtet war, eröffnete nun ein kleines Taxiunternehmen. Führerscheine von Motorriksha bis Omnibus konnte man ja günstig und ohne Prüfung erwerben, dasselbe galt für die Taxilizenz.

Aber ach, Santa hatte nicht mit der spitzbübischen Raffinesse seiner Konkurrenz gerechnet, die nicht selten statt des üblichen Treibstoffs das teuer subventionierte, für Haushalte bestimmte billigere Kerosin in die Tanks füllte oder versteckt angebrachte Beschleunigungsgeräte für die Taxameter verwendete. Für all das war Santa viel zu sehr ein Mensch des Gebirges und ohne Hinterlist, und sein Taxiunternehmerdasein fand ein baldiges Ende.

Weil aber seine Knie bei Abstiegen immer noch schmerzten, gründete er in einem aufgelassenen Stollen am Rande der Stadt eine Champignonzucht. Doch bald erwies sich auch dieses Geschäft als zu schwierig. Die Restaurantbesitzer vertrösteten ihn mit der Bezahlung der Rechnungen von einem auf den anderen Monat, und es erwies sich als fatal, dass Santa nie in seinem Leben die Schulbank gedrückt und die Grundrechenarten erlernt hatte. Santa machte bankrott, und der Große Tendy half ihm mit einer ansehnlichen Summe aus. Aber Santa ging nun auf die fünfzig zu, und die Knie wollten nicht besser werden, also bat er noch einmal Tendy um Hilfe und eröffnete eine Forellenzucht. Aber die Forellen wollten nicht recht überleben, vielleicht auch weil Santa bei der Zuteilung des Sauerstoffs ähnlich sparsam vorging wie bei sich selbst. Darüber hinaus vertrösteten ihn die Restaurantbesitzer abermals mit der Bezahlung der Rechnungen von der Frühjahrsauf die Herbstsaison und wieder auf das Frühjahr, und endlich sah Santa ein, dass das Einzige, was er wirklich konnte, seine bergsteigerischen Fähigkeiten, seine Menschlichkeit und seine Treue waren.

Daraufhin musste er, wahrscheinlich über Vermittlung des Großen Tendy, einen Arzt gefunden haben, der ihm seine Knie reparierte, denn ab dieser Zeit war Santas Aufstieg nicht mehr zu bremsen.

Er hatte in seine Welt, die Welt der bergsteigerischen Erfolge, zurückgefunden, dachte wahrscheinlich nie mehr über sein zunehmendes Alter nach und war nur mehr auf Gipfeln über siebentausend Metern zu finden.

Kürzlich hat er einem amerikanischen Bergsteiger, dem beim Abstieg vom Everest auf achttausendsiebenhundertfünfzig Metern die Sauerstoffmaske eingefroren war, seine eigene

159

Maske gegeben und war selbst den ganzen riesenlangen Weg ohne Flaschensauerstoff abgestiegen.

Wenn es etwas wie Wiedergeburt gäbe, so dachte ich mir, dann müssten die Götter verpflichtet sein, einem Menschen wie Santa dereinst einen neuen Körper zu schenken, und neue Knie, die ihn schmerzfrei in einem weiten Land mit dicken Kühen, denen vertrauensvoll das fette Gras entgegenwüchse, spazieren gingen ließen, wogende Weizenfeldern dazwischen, und hinten, aber wirklich nur ganz weit hinten am Horizont, das verheißungsvolle Blinken eines kleinen Gletschers.

DIE HUNZA UND IHRE LIEDER

Ich war den endlos langen Baltoro-Gletscher heruntergekommen und hatte in Skardu nach einem Fahrzeug Ausschau gehalten, mit dem ich über den Karakorum Highway zurück nach Islamabad gelangen konnte.

Der freundliche Fahrer eines Toyota Pickup erlaubte mir, auf der Ladefläche seines Wagens mitzufahren. Außer mir waren noch fünf einheimische Fahrgäste auf dem kleinen Lastwagen. Es waren allesamt *Hunzukuc*, uns allen aus der Besteigungsgeschichte des Nanga Parbat als Hunza bekannt. Sie trugen tellerförmige, beige Kappen, selbstgewebte Hosen mit knielangen Röcken und darüber blaue Strickjacken oder graue Umhänge. Der Älteste von ihnen war weißhaarig, einer war dunkelhaarig, ein anderer eher rötlich mit blauen Augen, und zwei weitere blond mit ebenso blauen Augen. Der rötliche hatte eine derartige Ähnlichkeit mit dem dreißigjährigen Hermann Buhl, dass ich nicht anders konnte, als immer wieder hinzusehen, ganz so, als befände ich mich in der Wiederholung eines alten Kinofilms aus den Fünfzigerjahren. Als ob unser Fahrzeug und damit die Zeit stillstünde und nur die Landschaft mithilfe eines Films im Hintergrund der Bühne die Bewegung suggerierte.

Die Hunzukuc glauben ja, dass sie von versprengten Soldaten Alexanders des Großen abstammen, und sind stolz darauf. Oder sollte gar der legendäre Hermann Buhl im Jahre 1953 auf dem Anmarsch zum Nanga Parbat …? Nein, nicht auszudenken. Hier musste sich wirklich vor zweitausend Jahren ein Land aus dem Genpool Alexanders des Großen samt Entourage bedient haben.

Seit der Herzog der Abruzzen im Jahre 1909 versucht hatte, den K2 zu besteigen, waren die Hunza bei Expeditionen immer tüchtige und beliebte Hochträger gewesen. Sie hatten es darin, ebenso wie ihre Kollegen aus Nepal, die Sherpas, zu weltweiter Berühmtheit gebracht. Viele Jahre lang hatten Expeditionen aus dem Westen die Mitglieder aus beiden Volksstämmen zugleich rekrutiert, und es musste Harmonie zwischen ihnen bestanden haben. Ich erinnerte mich nun daran, dass meine jungen Sherpas, immer wenn sie etwas in Ordnung oder unbedenklich fanden, *Hunza* sagten, ähnlich wie die Amerikaner okay verwenden. Dieses Hunza mussten die Sherpas aus diesem fernen Pakistan, von Nanga-Parbat-, K2- oder Broad-Peak-Expeditionen in den Dreißiger- bis Fünfzigerjahren nach Hause ins heimatliche Solo Khumbu oder nach Darjeeling mitgenommen haben, wo es in den täglichen Sprachgebrauch übernommen wurde.

Auf der Ladefläche des Pickups waren seitlich Bänke angebracht und darüber ein Stahlrahmen, an dem man bei Bedarf eine Plane anbringen konnte. Aber wir saßen nicht, sondern standen und hielten uns gegen das Rütteln und Schwanken des Fahrzeugs am Stahlrahmen und blickten erwartungsvoll nach vorn.

Gleich hinter Skardu fingen die Hunza zu singen an. Ein alter, hagerer Mann mit ernstem Gesicht betätigte sich dabei als Vorsänger, und die anderen sangen im Refrain mit. Sie hatten kräftige Stimmen und sangen auch deshalb ziemlich laut, um die Geräusche des Wagens und den Fahrtwind zu überstimmen. Ich war zum ersten Mal in diesem Land und konnte mich an die fremden Melodien anfangs nicht gewöhnen, und es wäre mir lieber gewesen, wenn ich ungestört in die vorüberziehende Landschaft hätte schauen können. Ab und zu passierten wir oasenhafte Dörfer, deren tiefes Grün wie Edelsteine aus der Wüste des Industales leuchteten. Dazwischen schlängelte sich der noch schmale Indus wie ein silbriges Band durch den gelbbraunen, kargen Talboden. Ich musste ein finsteres oder zumindest nachdenkliches Gesicht gemacht haben, denn nach zwei oder drei Stunden Fahrt, während denen sie andauernd gesungen hatten, drehte sich einer der jüngeren Männer zu mir um und sagte: „Dir gefällt unser Singen nicht", was wie eine Feststellung klang.

Die Hunzukuc waren über Jahrhunderte ein kriegerisches Volk gewesen und hatten nicht nur jeden Durchreisenden, der sich weigerte, Weggeld zu bezahlen, ausgeraubt, sondern im Jahre 1889 auch die Briten aus dem Land gejagt. Deshalb schien es mir nun ratsam, eine freundliche Miene aufzusetzen und zu beteuern, dass mir ihre Gesänge sehr wohl gefielen.

„Nein, nein", beteuerte ich. „Mir gefallen eure Lieder gut." Aber ich unterließ es trotzdem, bei den Refrains wenigstens mitzusummen, doch sie lächelten mir nachsichtig zu, ließen sich nicht beirren und sangen kräftig weiter.

Manchmal bot mir einer aus seinem weiten Umhang gedörrte Aprikosen an. Man hatte sie vor dem Trocknen entkernt, indem man sie wie einen Handschuh oder eine Socke umgestülpt, aber die Kerne am Rande der Frucht darangelassen hatte, sodass man die Früchte bequem wie an einem Stiel essen konnte. Nie mehr in meinem Leben habe ich so köstliche Früchte gegessen.

Ich erinnerte mich der modernen Mythen, die sich vor allem auf die Ernährung und Lebenserwartung der Hunza konzentrieren: Manche Quellen sprachen den Hunza eine Lebenserwartung von bis zu hundertfünfunddreißig, manchmal sogar bis zu hundertfünfundvierzig Jahren zu. Mit einen

Grund dafür sah man neben dem milchigen Gletscherwasser und den Salzen des Karakorum-Gebirges auch in den Kernen der Aprikosen und dem darin enthaltenen Wirkstoff Amygdalin, das von manchen esoterisch angehauchten Alternativmedizinern zur Krebsbekämpfung empfohlen wird.

Ich betrachtete den alten Mann von der Seite. Seine Stimme war kräftig wie die eines Vierzigjährigen, aber sein Gesicht war eine Landkarte aus verschiedenen Altern, Mühsalen und Entbehrungen. Doch wahrscheinlich war er nur Mitte sechzig und nicht hundertundzwanzig, und die Menschen in diesem Tal hatten ein vollkommen anderes Empfinden von Zeit und Raum, weil hier alles langsamer ging und sich ein einziges Jahr voller Erleben endlos dehnte, während es bei uns im Westen wie im Flug verstrich – von Reizen überflutet, wie wir nun einmal sind.

Ich wusste, dass sich die Hunzukuz über jeden Geburtstag freuen, denn die Alten sind angesehener als die Jungen, weshalb es ein treffendes Sprichwort gibt: „Es gibt drei Abschnitte im Leben eines Hunzukuz: die jungen, die mittleren und die reichen Jahre."

Auch dass mancher junge Mann seiner Jugend einige Jahre hinzuschwindelt, um mehr Ansehen zu genießen, war eine Tatsache, ebenso wie die, dass ein jeder Geburtstag mit viel Wein und Schnaps gefeiert wird. Ein erstaunlicher Umstand in einem streng islamischen Land wie Pakistan, aber die Behörden drücken wahrscheinlich ein Auge zu und übersehen geflissentlich die Zisternen, in denen gut getarnt unter Laub und Reisig der junge Wein etwa acht Wochen seiner Reife entgegengärt.

Die Hunza sind ebenso wie die Sherpas ein kleines Volk: In ihrem Kernland besteht es aus etwa vierzigtausend Bewohnern. Wie auch die Sherpas haben die Hunza keine eigene Schriftsprache und deshalb auch keine Geburtsurkunden. So hält sich der Mythos ihrer Langlebigkeit bis heute. Die Männer sangen kräftig weiter, und je tiefer wir das Industal hinunterkamen, desto besser konnte ich die einzelnen Lieder unterscheiden. Darunter war eines, das sie besonders oft wiederholten und dessen Refrain mir mit jedem Male mehr ans Herz ging. Und als wir nur noch eine Stunde von Islamabad entfernt waren, hatte ich die Melodie so sehr ins Herz geschlossen, dass ich sie nun leise mitsummte. Meine Mitfahrer mussten dies an meinem Gesicht gesehen haben und drehten sich nun während des Singens immer wieder lächelnd zu mir um. Die Melodie hatte von mir Besitz ergriffen und mir das Land und die Menschen nähergebracht. Ich begriff, dass jede Inbesitznahme nur eine ideelle sein konnte, jenseits von Grundbuchständen, und dass das Herz für immer jener Region überlegen bliebe, die wir das Gehirn nennen.

Schließlich kam der Toyota vor meinem Hotel zum Halten.

Ich verabschiedete mich von meinen Mitfahrern mit Händedruck, aber einer, der ein wenig Englisch konnte, hielt mich noch zurück und fragte mich, ob ich überhaupt wisse, mit wem ich da auf der Ladefläche gereist war.

„Nein", sagte ich.

Er nannte einen Namen und wies auf den alten Herrn.

„Er ist der berühmteste Sänger im ganzen Hunzaland. Er ist jeden Tag im Radio zu hören." Ich bedankte mich noch einmal sehr höflich und verneigte mich vor ihm.

Eine kurze Zeitlang erwog ich, sie zu bitten, mir den Namen des Sängers und dieses letzte mir inzwischen so lieb gewonnene Lied aufzuschreiben, aber vielleicht konnten sie auf Englisch gar nicht schreiben, und ich verstand kein Urdu, und es musste jetzt alles schnell gehen, weil der Fahrer mit laufendem Motor wartete und alle müde waren. Sie sagten mir noch einmal den Namen des alten Mannes, aber als ich im Hotel mein Zimmer bezogen hatte, hatte ich den Namen schon vergessen.

Die Melodie trug mich wie in einer angenehmen Zwangsvorstellung weit nach Mitternacht in den erlösenden Schlaf, und ich war mir sicher, dass ich sie deshalb am nächsten Vormittag noch im Kopf hätte und irgendwo einen Tonträger mit diesem Lied erstehen konnte. Aber als ich aufwachte, war die Melodie verschwunden.

Mich überfiel eine seltsame Leere. Mir war mit einem Mal, als hätte ich mit diesem Lied ein Stück dieses Landes, meiner Reise, sogar meines eigenen Lebens verloren. Aber dann tröstete ich mich damit, dass vielleicht diese Melodie nur hierher gepasst hatte, in diesen Teil des Landes, dass man sie gar nicht mitnehmen durfte, ähnlich wie den Wein aus bestimmten Landstrichen, oder Pflanzen, oder Menschen, die ihren Charakter ändern, ja verlieren, wenn man sie in fremde Länder verpflanzt.

Die Melodie ist niemals mehr wiedergekommen.

PASANG UND DER KULTURTRANSFER

Wir waren bei allerschönstem Herbstwetter das Marshyang-di-Tal hochgekommen und hatten, bestens mit Getränken versorgt, von der Holzterrasse unserer Lodge im abendlichen Manang aus die umgebenden, über siebentausend Meter hohen Berge bestaunt: die Annapurna II, kaum bestiegen wegen ihrer undankbaren Höhe, der nur zehn Meter zur Achttausend-Meter-Marke fehlt, die Annapurna IV, dann III, die Gangapurna und schließlich, noch etwas entfernter, den Tilicho Peak.

Am Dorfplatz spielten die Kinder mit dem Lehrer Bockspringen, und die Alten saßen schweigend unter dem Dorfbaum und rauchten ihre Feierabendpfeifchen. Friedlicher hätte die Stimmung nicht sein können und wurde noch untermalt durch das tiefe Türkis eines Gletschersees, der etwas unterhalb von Manang inmitten von spärlich begrünten Moränen liegt. Auch die Oberfläche des Sees war ruhig und kaum gekräuselt. Nur ab und zu entdeckten wir eine abbrechende Eislawine an der Nordflanke der Gangapurna, deren Krachen und Rauschen unsere Ohren erst nach mehreren Sekunden erreichte.

Der Himmel war tiefblau, fast wie Tinte, wie er eben nur im Himalaya in großer Höhe zu sehen ist. Nur über dem Tilicho Peak zeigten sich Schlieren wie bei einer geballten Ansammlung von Eiskristallen. Und genau in diesen mit schlierenbezogenen Himmel mussten wir in den nächsten Tagen steigen, wollten wir den Tilicho-Pass überschreiten. Ich nahm mir vor, den Himmel während dieser Tage besonders genau zu beobachten.

Am Nachmittag des nächsten Tages, oberhalb der malerischen Ortschaft Kangsha, wechselte der Himmel innerhalb von Sekunden von Tiefblau in milchiges Weiß, und wieder zurück, und die Sonne und der Mond trugen wie eine bedrohliche Auszeichnung einen riesigen Hof um sich.

An diesem Abend versammelte ich meine Gruppe um mich und trug unserem jungen Sirdar auf, auf die Träger besonders nachdrücklich einzuwirken, dass sie am kommenden Tag beisammenbleiben sollten. Mir war nämlich eine gewisse Führungsschwäche an ihm aufgefallen. Er konnte die Träger nicht zusammenhalten, sie hörten ganz einfach nicht auf ihn. Die Stärksten waren immerzu kilometerweit voraus gewesen, während die Schwächsten erst Stunden nach unserer Ankunft ebenso im Lager ankamen.

Wenn wir wirklich in einen Sturm gerieten, riskierten wir den Tod einiger Träger, wie es leider jedes Jahr bei anderen Gruppen passierte.

Wenn wir aber zusammenblieben, konnte uns rein gar nichts passieren, weil wir ja genügend Zelte, Schlafsäcke, Brennmaterial und Essen mit uns führten.

Am nächsten Morgen war der Himmel grau. Wir hatten auf einer Höhe von fünftausenddreihundert Metern kampiert und sollten nur wenige Stunden später den etwas höheren Pass überschreiten und in das Kali-Gandaki-Tal absteigen. Doch wieder war es so, dass mit dem Aufbruch der Hauptgruppe die stärksten Träger schon weit voraus und fast nicht mehr sichtbar waren.

Ich stellte den Sirdar etwas abseits der Gruppe zur Rede und wiederholte, welche Gefahren sich aus einer solchen Situation ergeben konnten. Wir brachen auf.

Wenig später begann es zu schneien und es dauerte nicht lange, bis man kein Anzeichen eines Weges mehr sehen konnte. Schweigend stapften wir stundenlang dahin. Ein eiskalter Wind hatte eingesetzt. Die schwächsten Träger hinter uns waren nicht mehr zu sehen. Ich hatte diesen Pass sicher schon mehr als zehn Mal überschritten, bei schönstem Wetter – aber jetzt hatte ich keine Ahnung mehr, wo wir uns in dieser riesenhaften Landschaft wirklich befanden. Auch unsere Sherpas und die Küchenjungen hatten die Orientierung verloren. Irgendwann einmal blieb ich stehen und zog den Höhenmesser hervor. Er zeigte fast sechstausend Meter an. Schweigend und schwer atmend auf die Skistöcke gestützt, rastete die Gruppe hinter mir. Wir waren viel zu hoch, und ich konnte nur vermuten, dass wir zu weit nach Osten gekommen waren. Ich wusste von früheren Begehungen, dass hier überall gefährliche Abbrüche lauerten.

„Ich fühle meine Füße nicht mehr", sagte Andrea hinter mir. Obwohl selbst keine Bergsteigerin, hatte sie die letzten sechs oder sieben Stunden tapfer und ohne Klage durchgehalten.

Für eine Minute haderte ich mit meinem Schicksal. Ich hatte Tausende von schwierigen Klettertouren unfallfrei hinter mich gebracht, und jetzt, mit bald fünfzig, musste ich mich, noch dazu auf einem normalerweise unschwierigen Pass, in eine solch prekäre Situation verlaufen.

Ich fasste einen Beschluss. „Halt", sagte ich. „Wir bleiben hier, bis wir alle wieder beisammen sind." Plötzlich rissen die Nebel für einige Sekunden auf, und wir konnten die ersten Träger weit vor uns sehen. So sehr wir aber pfiffen und riefen, sie verstanden uns nicht und stapften weiter. Der Sirdar machte ein ratloses Gesicht. Er war einfach eine zu schwache Persönlichkeit, um sich bei den Trägern durchzusetzen. Jemand mit genügend Autorität musste ihnen nachlaufen und sie zurückholen. Stumme Gesichter blickten mich an. Plötzlich trat ein Küchenjunge vor, er war der Kleinste von allen.

„Ich hole sie zurück", sagte er. Das war Pasangs Stunde und vielleicht der Wendepunkt in seinem Leben.

Jahre später dachte ich, dass in diesen Minuten eine Verwandlung in Pasangs Gesicht vor sich gegangen war. Er strahlte eine Energie und Entschlossenheit aus, wie sie Menschen angeboren ist, die in brenzligen Situationen Verantwortung übernehmen, weil sie gar nicht anders können.

Wir warteten alle und beobachteten Pasang, wie er den vorausgegangenen Trägern nacheilte, einen nach dem anderen einholte und sie zur Umkehr bewog.

Schließlich waren wir alle wieder auf unserem Platz vereint, denn auch die langsamsten Träger waren inzwischen eingetroffen.

Nun entschloss ich mich, gemeinsam zum Tilicho-See auf etwa fünftausend Meter abzusteigen. Wir konnten ihn gar nicht verfehlen, und ich wusste, dass dort eine Expedition mit einigen Köchen und Sherpas der Agentur des Großen Tendy ihr Basislager aufgeschlagen hatte.

Pasang hatte jetzt ganz selbstverständlich die Rolle des Sirdars übernommen und wurde dabei von mir unterstützt. Ganz klar und deutlich kamen seine Anweisungen, und so blieben wir auch wirklich beisammen und erreichten nach zwei Stunden die Zelte des Basislagers.

Der nächste Tag brachte schönes Wetter, wir überschritten den Pass und eine Woche später waren wir wieder in Kathmandu, und ich berichtete dem Großen Tendy von den Fähigkeiten des kleinen Küchenjungen.

Als wir wieder zu Hause waren, schrieb mir der Große Tendy, dass er Pasang nun zum Bergführerkurs nach Jomosom geschickt hatte.

Ich konnte mich von seinen zunehmenden Kenntnissen überzeugen, weil ich nun jedes Jahr mit ihm unterwegs war, und auch von seinem wachsenden Selbstbewusstsein, das manchmal – ganz unüblich für einen Sherpa – in einer Art Logorrhoe gipfelte, mit der er mich Abend für Abend nervte.

Wir waren einmal in das damals noch verbotene Naar Phu Valley gezogen, hatten uns mit Hilfe eines Ex-Polizisten in der Nacht an Kontrollposten vorbeigeschlichen, und waren durch das fast menschenleere Tal in Richtung Tibet marschiert und hatten die Nächte auf den Fußböden von aufgelassenen Häusern verbracht. Pasang wollte mich unbedingt davon überzeugen, dass die Buddhisten keinesfalls nur friedfertige Betbrüder wären.

„Einige Buddhistenfreunde von mir sind bei den Gurkhas in Kaschmir stationiert", so begann eine seiner Geschichten.

„Eines Abends ließ sie der Regimentskommandeur antreten und eröffnete ihnen, dass es am nächsten Morgen gegen die Pakistanis zum Gefecht gehe. Nun flehten einige reguläre indische Soldaten meine Gurkhafreunde an, an ihrer Stelle in die Schlacht zu gehen, denn sie fürchteten sich und würden ihnen dafür einen ganzen Monatslohn geben.

Nichts da, sagten die Gurkhas. Wir gehen alle zusammen.

Am nächsten Tag gewannen sie das Gefecht, und am übernächsten Tag waren alle indischen Zeitungen voll von den Heldentaten der indischen Soldaten. Von den Gurkhas, die an vorderster Front gekämpft hatten, keine Rede. Das erboste meine Gurkhafreunde sehr", sagte Pasang. „Und weißt du, was sie dann taten, Rudisör?"

„Nein", sagte ich. „Was taten sie denn?" Ich befürchtete, dass nun Schlimmes folgte, denn ich wusste, dass die Gurkhas die Angewohnheit hatten, die abgeschnittenen Ohren ihrer Feinde an den Gürtel zu hängen, sozusagen als Souvenir.

„Einer von ihnen schlich sich nachts aus dem Lager und überwältigte eine pakistanische Patrouille. Er schnitt einem der Pakis den Kopf ab."

„Nein", sagte ich. „Das ist ja grauenhaft."

„Mein Freund also schnitt dem Paki den Kopf ab und kegelte ihn am nächsten Tag durch die Pendeltür des Hauptpostamtes von Kargil mitten unter die Leute."

„Jetzt reicht's aber", sagte ich.

„Just an dem Tag, als das Postamt voller Touristen war."

„Schluss jetzt, Pasang", sagte ich.

„Und dabei hat er gerufen: Jetzt wisst ihr, wer die besseren Soldaten sind!"

Ich seufzte. Pasang bemerkte hörbar zufrieden: „Am nächsten Tag waren alle Zeitungen voll mit den Heldentaten der Gurkhas."

In diesen Jahren gründete Wolfgang Nairz ein Hilfsprojekt, das jedes Jahr dreißig bis vierzig Sherpani und Sherpas ermöglichte, auf Tiroler Hütten zu arbeiten. Der Große Tendy klopfte in dieser Sache einmal leise bei mir an: Ob ich nicht unseren kleinen Pasang vermitteln könne?

Ich nutzte meine Freundschaft zu Wolfi und zur Familie Kostenzer und brachte Pasang auf der Falkenhütte im Karwendel unter, die mir seit früher Jugend eine Art Heimat war. Pasang arbeitet nun schon seit Jahren jeden Sommer auf der Hütte unter den Lalidererwänden. Am Ende der ersten Saison kam ich einmal zu Besuch, und als ich mit Fritz Kostenzer allein war, sagte er mir, dass er sich gar nicht mehr vorstellen könne, die Hütte ohne Pasang zu führen, dermaßen tüchtig sei dieser Mensch.

In diesem Spätherbst war ich wieder in Nepal, als Pasang mit einem, für nepalesische Verhältnisse, ordentlichen Batzen Geld nach Hause kam. Er wollte nun unbedingt für seine Schwester ein Moped und für seine Cousine ein Pony kaufen.

Da kam mir der englische Ethnologe Nigel Barley, der viele Jahre bei den Daewos in Afrika geforscht hatte, in den Sinn: Die Afrikaner mögen nicht gerne arbeiten, so berichtet er, nicht etwa weil sie faul sind, sondern deshalb, weil sie umgehend alle Erträgnisse mit ihren Großfamilien teilen müssen, sodass ihnen selbst fast nichts mehr übrig bleibt.

Ich bat den Großen Tendy um Unterstützung, und gemeinsam konnten wir Pasang seine ruinösen Ideen austreiben und dazu bringen, sich in seinem Dorf in den folgenden Jahren eine Existenz aufzubauen, aus deren soliden Erträgnissen er jetzt andere unterstützen kann, die nicht so viel Glück und Tüchtigkeit ins Leben mitbekommen haben.

Fritz Kostenzer hat Geld gesammelt und unter Pasangs Aufsicht eine Schule für hundert Kinder gebaut, mit einem Wohnhaus für zwanzig Lehrer, und Pasang, der kleine Küchenjunge, ist jetzt die unangefochtene Autorität in seinem Ort. Als Fritz einmal zu Besuch in Pasangs Haus war, wurden sie in einer Tiroler Stube bewirtet.

Manche von Pasangs Jugendfreunden berichteten mir allerdings hinter vorgehaltener Hand, dass Pasang arrogant geworden wäre und sie kaum mehr grüße. Aber vielleicht sind das alles nur kleine, offene Rechnungen aus der Kindheit, so, wie sie in jeder besseren Familie vorkommen.

LAKPA TIKI UND DIE HEIMHOLUNG

Einige Tage waren wir dem tief eingeschnittenen Flusstal des Tamba Khosi gefolgt.

Bei Suro Bhota hielten wir uns an die linke Gabelung des Tals und stiegen sanft ansteigend durch Wälder, Felder und kleine Siedlungen das Tal aufwärts. Am nächsten Tag verließen wir das Flusstal und erreichten Simigaon.

Ich war froh, dass wir das schluchtartige Tal verlassen hatten, und freute mich, als ich mit meinen Sherpas auf dem viertausend Meter hohen Daldung La saß, über den Anblick des gegenüberliegenden Gauri Sankar. Er ist einer der formschönsten Berge der Welt und markiert die Grenze zu Tibet.

Wenig mehr als siebentausend Meter hoch, hatte mein Vater in der Volksschule der Zwanzigerjahre noch gelernt, dass der Gauri Sankar der höchste Berg der Welt sei. Wenige Jahre später klärte sich der Irrtum, über dessen Ursache es zwei Erklärungen gibt: Die eine ist, dass ein englischer Pilot mit seiner Maschine den Himalaya überquerte und der Höhenmesser des Flugzeugs über zehntausend Meter anzeigte, als er den Gauri Sankar überflog. Sie ist wenig plausibel, denn es konnte damals noch keine für solche Höhen tauglichen Flugzeuge gegeben haben.

Die zweite Erklärung liegt in dem Umstand, dass der deutsche Himalayaforscher Hermann von Schlagintweit auf der Suche nach dem eben als höchsten Berg der Welt bekannt gewordenen Peak XV (das ist der Mount Everest) einen alles überragenden Gipfel beobachtete. Er erfuhr von den Einheimischen dessen Namen, nämlich Gauri Sankar, und publizierte diesen in der Annahme, den höchsten Berg der Welt gesehen zu haben. Gauri Sankar heißt im Tibetischen *Tseringma*, Große göttliche Mutter, wie so viele andere große Berge nach Frauen benannt sind, weil sie eben Leben spenden durch die Flüsse, die aus ihren Gletschern entspringen.

Am nächsten Tag erreichten wir das Dorf Beding und kehrten in der Lodge von Lakpa Tiki ein. Sie erkannte mich sofort wieder, obwohl mein letzter Besuch doch schon einige Jahre zurücklag. Wie alle Sozietäten, die damals noch keinen Fernseher, Zeitungen und andere Ablenkungen kannten, haben auch die Sherpas ein phänomenales Gedächtnis.

Lakpa lächelte mir freundlich zu, bevor sie wieder in der Küche verschwand, um uns einen Topf mit *Alu* (Kartoffeln) über das Feuer zu stellen. Hier im Sherpaland war alles kleingewachsen, um den Anforderungen einer kargen und riesenhaften Umgebung zu genügen. Auch die Kartoffeln sind kleingewachsen, aber es sind die besten der Welt. Sie haben in dem sandigen Boden und der südlichen Sonne und der großen Höhe eine lange Reifezeit, aber ihr nussiger, fruchtiger Geschmack stellt alle anderen Kartoffeln der Welt in den Schatten.

Der Arbeitstag einer Sherpani beginnt meistens um sechs Uhr morgens und dauert bis zehn Uhr abends oder länger, wenn sich der letzte Schläfer auf einer Bank im Gastraum zur Ruhe gelegt hat und nur mehr das Murmeln eines Gebets und das letzte leise Knacken des Feuers durch den Raum dringt.

Der kleine Ort Beding, so erzählten mir meine Sherpas, hatte heuer kein gutes Jahr erlebt, denn bei Frühjahrsexpeditionen waren schon zwei Climbing Sherpas umgekommen.

Auch Lakpa Tikis Mann Pasang war zur Zeit in Kathmandu, um auf eine amerikanische Expedition zu warten, mit der er den Manaslu besteigen wollte.

Als Lakpa Tiki mit den dampfenden Erdäpfeln aus der Küche kam und uns die Platte zusammen mit *Nun* und *Forsani* (Salz und Chili) auf den Tisch stellte, entspann sich ein Gespräch.

„Mein Mann Pasang Kami ist in Kathmandu und wartet auf die Amerikaner. Aber ich möchte nicht, dass er der Dritte ist, der heuer aus unserem Dorf stirbt."

Pasang Sherpa war wohl als Kleinkind einmal sehr krank gewesen, weshalb man ihm den Beinamen Kami verlieh. Kami heißt Schmied, und Kami gehören einer niedrigeren Kaste an. Deshalb würden die bösen Geister, die Pasang aufsuchten, um ihn krank zu machen, von ihm lassen, weil er nun unbedeutend war. Wie so oft, war ihm Kami später als Beiname geblieben, wohl aus Gewohnheit und weil die Sherpas als Buddhisten nicht wirklich an Kasten glauben.

Freilich hatte ich einmal den Großen Tendy gefragt, wie es die Sherpas mit den Kasten hielten, und er hatte den Kopf geschüttelt, was bei den Sherpas einer Bejahung gleichkommt, und mich aufgeklärt.

„Auch wir Sherpas haben Kasten", sagte er. „Eine Gruppe sind die Lama. Die nächste Gruppe sind die Salaka, Lhaksindo, die Goparma, Salangay.

Die dritte Gruppe sind die Chaba. Die vierte Gruppe sind die Takto, die Gole, die Garja, die Pangerma und die Pinasa. Zu dieser Gruppe gehört meine Frau Mingma. Ich selbst bin ein Lhaksindo."

Dann hatte er geschwiegen und für einen Augenblick fühlte ich mich etwas befremdet. Ich habe mein Lebtag lang Menschen, die andere Menschen mit den Augen eines Viehzüchters betrachten, nicht sehr gemocht. Das Denken in Kasten ist uns Europäern fremd, doch bemerkte ich augenblicklich, dass ich für einige Sekunden völlig falsch gelegen war. Als hätte der Große Tendy meine Gedanken erraten, erläuterte er: „Wenn sich beispielsweise in Chicago ein junger Sherpa und eine Sherpani kennenlernen, ist die erste Frage: ‚Aus welcher Kaste stammst du?‘ Und wenn ihre Kasten nicht zusammenpassen, dann lassen sie die Hände voneinander."

Ich begriff, dass es sich hier um Regeln handelte, die mögliche Erbkrankheiten verhindern sollten.

„Die zweite Gruppe beispielsweise darf niemanden aus ihrer eigenen Gruppe heiraten, und ebenso dürfen alle anderen nur in bestimmte andere Gruppen einheiraten."

„Aha", sagte ich, als hätte ich verstanden. Es wäre interessant gewesen, herauszufinden, auf welche Weise diese Erfahrungsregeln zustande gekommen waren. Wie hatte man die Grundlagen hierfür herausgefunden und auf welche Weise weitergegeben, wo doch die Sherpas keine eigene Schriftsprache haben?

„Zum Beispiel die Lamas, Rudisör. Sie und die Chaba dürfen alle heiraten, außer Menschen aus ihrer eigenen Kaste." Er schwieg eine Weile und setzte dann hinzu: „Die sind das Salz in der Suppe."

„Und die Regeln gelten heutzutage auch noch?", fragte ich.

„Ja. Sie gelten noch immer und werden von allen eingehalten."

Als ich zusammen mit Salami Dawa nach draußen ging, um nach dem Wetter zu schauen und gemeinsam eine Zigarette zu rauchen, sahen wir, dass das Dunkel schon aus den Tälern heraufzog. Nur auf den Gipfeln der hohen Berge lag noch Sonnenlicht. Ich liebe diese leisen Minuten der Dämmerung, und überhaupt ist es ein Irrtum zu glauben, dass die Nacht herniederfällt. Auf den hohen Gipfeln ist immer noch Licht, wenn das Tal schon im Dunkel liegt. Vielleicht ist es auch dieser Umstand, weshalb der Mensch nach oben strebt.

Plötzlich hörten wir das Geräusch eines großen Hubschraubers. Und da schwebte er schon heran, ein Monstrum, und ich erkannte einen russischen M-17.

Eben war die Sowjetunion zusammengebrochen und einige findige Geschäftsleute aus Kathmandu hatten die Idee gehabt, zehn Stück dieser M-17-Ungeheuer, alles Veteranen aus dem Afghanistankrieg, mitsamt lebendem Inventar, nämlich Piloten und Bordmechaniker, zu erwerben und nach Nepal zu bringen. Der Hubschrauber landete auf einem Kartoffelacker unweit unserer Lodge, nicht ohne eine ungeheure Staubwolke aufzuwirbeln, die uns umgehend in Deckung zwang, und wirklich stiegen drei Männer aus, die sich beim Näherkommen als groß gewachsene, freundliche Russen herausstellten.

Salami Dawa erzählte mir, dass die Russen gekommen seien, um eine japanische Expeditionsmannschaft abzuholen, die in einer der Nachbarlodges untergebracht war, um sie morgen nach Kathmandu zu bringen.

Wohlweislich gesellten sich die Russen zu uns in die Lodge und nicht zu ihren japanischen Passagieren, um nach einem Abendessen mit *Alu, Nun, Forsani* ungestört und ohne schlechtes Gewissen einige Fläschchen *Khukri* (Rum) und *Tschang* (Bier) zu konsumieren. Zu fortgeschrittener Abendstunde, als die Piloten und der Bordmechaniker schon schwere, halbgeschlossene Augenlider hatten, wurde ich Zeuge der Geschäftstüchtigkeit der Sherpafrauen.

„Mein Mann ist in Kathmandu", sagte sie zu den Russen. „Und ich möchte nicht, dass er noch einmal auf Expedition geht. Aber er wird übermorgen nach Pokhara fahren, um zum

Manaslu zu gehen. Dann kann ich ihn nicht mehr erreichen. Könnte ich nicht mit euch nach Kathmandu fliegen?" Dabei lächelte sie treuherzig die Männer an. „Aber Geld habe ich keines!"

Die Männer lächelten gutmütig zurück. Dann stellte Lakpa Tiki noch eine Flasche *Khukri* auf den Tisch. Es war interessant zu beobachten, wie man sich für eine Flasche Rum ein Ticket für einen vierzigminütigen Hubschrauberflug kaufen konnte.

Am nächsten Morgen beobachtete ich, wie der Bordmechaniker eine Leiter an den Hubschrauber lehnte und auf das Dach stieg. Er machte noch einen etwas wackeligen Eindruck, aber er öffnete ein Schutzblech und schraubte mithilfe eines mitgebrachten, riesigen Schraubenschlüssels in den Tiefen des Ungeheuers. Dann rief er seine beiden Pilotenkollegen. Es klang sehr guttural, sie schienen aus einem Teil der Welt zu kommen, in dem man ohne die Verwendung von Vokalen sein Auslangen findet. Ebenso bleich wie der Bordmechaniker und ebenso wackelig bestiegen sie die Kanzel.

Nun wurde der M-17 mit einem Fauchen gestartet. Dabei schoss aus der Turbine eine Feuerzunge wie aus einem altertümlichen Drachen. Ich wunderte mich, dass der Hubschrauber nun abhob, denn es waren ja noch keine Passagiere zur Stelle. Etwa zehn Meter über dem Boden wendete das Ungeheuer und wies nun mit der Schnauze zum Tal hinaus. Nun stampfte und arbeitete sich der Koloss in zwanzig Metern Höhe talauswärts, und war schon beinahe hinter einer Kuppe verschwunden, als er wieder umkehrte und auf demselben Platz wieder landete.

Es war nur ein Probeflug gewesen. Offenbar war man mit dem Ergebnis zufrieden, denn nun winkte man die wartenden Japaner heran und ließ sie einsteigen.

Auch Lakpa Tiki hatte sich fertiggemacht, und ich war noch Zeuge gewesen, wie sie ihre schönste Tracht anzog und sich die *Dongdil,* die traditionelle, farbig gestreifte Sherpani-Schürze umband. Sie hatte ihr Haar in dem eiskalten Brunnen vor dem Haus gewaschen und gekämmt und gebunden und mit einer silbernen Spange zusammengehalten, sodass es nun in den zarten Strahlen der aufgehenden Sonne tiefschwarz glänzte. Um den Hals trug sie, wie für festliche Anlässe üblich, ihre Kette aus Gzi-Steinen, Türkisen und Korallen. Sie stieg als Letzte ein, und die Maschine hob ab.

Für uns wurde es Zeit für den Weitermarsch. Zwei Tage später erreichten wir den ebenso schönen wie gefährlichen Rolpa-See. Ich setzte mich hin und betrachtete mit Respekt die Stirnmoräne, die den See gegen das Tal abschloss. Wenn in diesen See ein Eis- oder Felssturz erfolgte, dann war kein Leben im ganzen Tal mehr sicher. Dann würde eine riesige Flutwelle diese Stirnmoräne überspülen, sie mit sich tragen und sich durch das Tal wälzen. Diese Menschen hier mussten angesichts dieser Bedrohung ein ungeheures Urvertrauen besitzen.

In einer der folgenden Nächte gab es einen Wettersturz und es lag viel Schnee. So fanden wir den Weg über den fast sechstausend Meter hohen Trashi Labtsa zu schwierig und drehten wieder um. Müde erreichten wir drei Tage später wieder Beding.

Wieder waren es die leisen Minuten der Dämmerung, als ich mich auf einen Stein setzte und auf die Lodge von Lakpa Tiki und Pasang Kami hinunterschaute. Ein Mann stand auf einem Pflug, der von zwei Yaks gezogen wurde. Ich hörte ihn „Lho! Lho!" rufen und wie er mit anderen sanften Lauten und Zungenschnalzen seine Yaks dirigierte. Ich erkannte Pasang Kami Sherpa.

Es war ein winziger Acker, auf dem er pflügte, aber: Es war sein eigener. Lakpa Tiki hatte ihn also zurückgeholt in die relative Sicherheit dieses Tales.

Als die Yaks am Ende des winzigen Ackers ankamen, rief Pasang Kami „bhitta!" und die Yaks gehorchten und wendeten und zogen den Pflug in die entgegengesetzte Richtung.

Nun wendete er geschickt seine Yaks und fuhr in die Gegenrichtung. Hier hatte sich nicht viel verändert und fast alles war noch so, wie es vor fünfhundert Jahren gewesen sein mag, als die Sherpas (das heißt die Menschen aus dem Osten) auf der Flucht vor einem hartherzigen Großgrundbesitzer von der Provinz Kham im Osten von Tibet über den sechstausend Meter hohen Nangpa La gezogen waren und sich hier niedergelassen hatten. Wieder hörte ich, wie er „lho, lho lho" sagte, um die Yaks zum Weitergehen zu bringen.

Dann hörte ich, wie er sanft und ganz langsam sagte „hoho" und „chuk-chuk-chuk!", und Pasang brachte seine Yaks zum Stehen und Lakpa Tiki ging über den Acker auf ihn zu. Sie trug einen Krug und eine Schale und reichte ihm die Schale und schenkte aus dem Krug ein. Es war jetzt fast dunkel, und ich hörte sie etwas murmeln und ebenso leise und vertraut seine Entgegnungen. Sogar ein Blinder, so dachte ich mir, hätte sehen können, dass die beiden zusammengehörten.

Die Einsiedlerklause bei Tangnag

DIE SENNER VON TANGNAG

Wenn man durch das Hinku-Tal, von Osilo Kharka kommend, talaufwärts wandert, dann fällt einem, etwa eine halbe Gehstunde vor Tangnag, auf einer Höhe von viertausendeinhundert Meter, ein ganzer Schirm von bunten Gebetsfahnen auf, der sich von einer überhängenden Felswand fast bis auf den Boden spannt.

Damals, vor der Zeit des Massentourismus, war vor dieser überhängenden Felswand eine Bruchsteinmauer hochgezogen worden, in der sich ein winziges Fenster und eine einfache Holztür befanden. Es war eine Einsiedlerklause.

Die Älpler der weiter draußen liegenden Alm hatten mir erzählt, dass hier vor nicht allzu langer Zeit ein Amerikaner ganz allein drei Jahre, drei Monate und dreiunddreißig Tage betend und in Meditation verbracht hatte. Sie hätten ihm täglich Tsampa und Buttertee und Kartoffeln gebracht. Wie er über den Winter gekommen sei, konnten sie sich nicht erklären, denn im Winter ist dieses ohnehin schon praktisch unbesiedelte Tal menschenleer, weil sich die Bewohner samt ihren Tieren in die tiefergelegenen, etwa drei Tagesmärsche entfernten Dörfer zurückzogen. Sie sprachen voller Hochachtung von diesem Mann, und dass man seither nie mehr etwas von ihm gesehen noch gehört hatte.

Die Holztür der Klause ließ sich nach innen öffnen, und ich betrat den winzigen Raum. Hier gab es eine kleine Feuerstelle, eine Schlafstätte, die mit Steinen auf dem abfallenden Felsen eingeebnet war, und auf der einzigen ebenen kleinen Fläche der Klause einen kleinen Altar aus aufgeschlichteten

Steinplatten. Es fiel nur wenig Licht durch das winzige Fenster und die großen, unabgedichteten Ritzen der Bruchsteinmauer, aber am überhängenden Felsen über mir erkannte ich drei Wandmalereien aus dem tantrischen Buddhismus, wie sie im gesamten Himalayaraum einschließlich Tibet gebräuchlich sind. Die erste stellte einen zornvollen Schutzgott dar. Er trug eine Krone aus Totenschädeln und war mit dem roten Feuer der Weisheit bekränzt, das alle Unwissenheit verbrennt. Wahrscheinlich stellte er den Schützer des Ortes dar.

Eine weitere Figur zeigte den historischen Buddha, wie er gelassen auf seinem Lotossitz thronte.

Ein drittes Bild zeigte das göttliche Paar Yab und Yum in Umarmung. Der männliche Yab symbolisierte den Weg und die Methode. Die weibliche Yum symbolisierte die Weisheit. Denn ohne Weisheit kann man den Weg nicht gehen.

Der Ort strahlte einen besonderen Frieden aus, oder ist der Friede immer nur in uns selbst, wenn es denn so sein darf? Ganz sicher war er aber einer der entlegensten und einsamsten Wohnorte der Welt. Was war dieser Amerikaner für ein starker Mensch gewesen, der es hier so lange allein ausgehalten hatte?

Ich trat wieder ins Sonnenlicht hinaus, und Nima Dorjee, der sich auf einem Stein sitzend ausgeruht hatte, nahm seinen *Námlo,* den Kopftrageriemen, wieder über die Stirn und die Last wieder auf, und wir wanderten taleinwärts in Richtung Tangnag. Hier legt sich der Hang zurück, und nur leicht auf- und absteigend erreicht man den Rand des weiten Talkessels, der von bizarren namenlosen Bergen von weit über sechstausend Metern Höhe eingerahmt ist. Da hinten lag Tangnag, ein Almdorf, das damals nur aus drei kleinen, sehr primitiven

Steinhäusern bestand. Nima und ich setzten uns auf einen Rasenpolster und teilten uns eine Zigarette und etwas Tee aus der Thermosflasche.

„Kein Rauch aus den Hütten", bemerkte Nima Dorjee. Jetzt fiel auch mir auf, dass kein Rauch aus den Ritzen der Dächer drang. Damals gab es im ganzen Solo Khumbu ja noch keine Kamine, der bösen Geister wegen, die durch sie ins Innere der Hütten schlüpfen konnten, und der Rauch musste zwischen den Holzschindeln der Dächer seinen Weg ins Freie suchen. Aber es war richtig, was Nima beobachtet hatte. Kein Rauch war zu sehen, wiewohl die Dächer der Hütten in der Kühle dieser frühen Vormittagsstunden schon dampfen sollten.

Es mussten doch Menschen hier sein, weil weit verstreut im ganzen Talkessel eine Herde Yaks graste. Rings um uns dufteten Wacholdersträucher und Heilkräuter, und der Hinku Khosi murmelte und rauschte talauswärts. Ganz oben, im ersten Licht des Vormittags, glänzten schon einige Gletscher.

Wir setzten unseren Weg fort. Der Weg wurde fast flach, und erwartungsvoll steuerten wir auf die Hütten zu. Auf einer kleinen Holzbank an der Längsseite der ersten Behausung stellten wir unsere Lasten ab. Als wir um die Ecke zum Eingang der Hütte bogen, sahen wir, warum aus ihr kein Rauch aufstieg: Drei Almbauern, allesamt junge Männer, lagen auf primitiven Isoliermatten in einem Streifen Sonne und bewegten sich nicht. Wir grüßten, aber als Entgegnung hörten wir nur ein Lallen. Alle drei waren sturzbetrunken. Es war kein schöner Anblick, diese jungen, starken Menschen so auf den Matten liegen zu sehen.

„Ihre Frauen sind noch nicht da", sagte Nima, „und so fühlen sie sich einsam und verlassen hier heroben. Deshalb betrinken sie sich."

Almbäuerin in Machermo

Unweigerlich fiel mir Franz Kafka ein, der den bemerkenswerten Satz geschrieben hat: Alleinsein bringt nur Strafen.

Wir betraten die erste der Hütten und öffneten die Fensterläden. Nima gelang es, ein Feuer anzufachen und einen kleinen Topf Kartoffeln aufzusetzen.

Wir aßen sie zusammen mit unserem mitgebrachten Schmelzkäse auf der Hüttenbank vor dem Haus. Die Strahlen der Sonne waren nun stärker geworden, und wir hielten schließlich jeder einen Becher Tee in der Hand und genossen die Wärme.

Wir beschlossen, am nächsten Tag zum Hinku-Nup-Gletscher aufzusteigen, um die kaum kartierte, damals noch undurchstiegene Südostflanke des Kang Taiga zu erkunden. Dort würden wir auf etwa fünftausend Metern unser Zelt aufstellen und am nächsten Tag so hoch wie möglich den Kang-Taiga-Gletscher hinaufsteigen.

Es war dies eine bislang unbekannte und womöglich bergsteigerisch unlohnende Gegend und neben den berühmten unmittelbaren Nachbarn, Everest, Lhotse und Makalu, auch völlig unbedeutend.

Aber mein Bergsteigerleben hat immer aus der Sehnsucht nach Romantik, ja Mystik bestanden. Aus der Retrospektive betrachtet, konnte man unser irrationales Tun auch gar nicht anders erklären. Mein Suchen (und das meiner Gefährten) galt, gleich einem Echo von Novalis, einem Ort, an dem es die blaue Blume geben musste.

Doch die Zeit der Romantik, die Zeit der Entdeckung der Nordwestpassage und der Pole oder der Durchquerung des *Empty Quarter* war definitiv vorbei. Die einzigen unbeschriebenen Landkarten waren nur mehr in unserem Inneren zu finden. Und doch trieb mich diese unerklärliche Sehnsucht zur

Hinterseite des Kang Taiga, diesem fast noch nie besuchten Hochkessel auf etwa fünfeinhalbtausend Metern Höhe, einer Mischung aus Mausoleum und Taufbecken, von dem aus, laut einer Karte des legendären Erwin Schneider, ein vielversprechender Firnhang einer ersten Begehung harrte.

Drei Tage später waren wir wieder auf dem Weg nach unten. Was auf der Schneider-Karte ausgesehen hatte wie leichte Firnhänge, waren in Wirklichkeit fast senkrechte Séracs, und durch die geneigteren Rinnen und Couloirs pfiffen unentwegt die Lawinen.

Also bummelten wir müde, aber vergnügt über die mit kargen Rasenpolstern verwachsene Seitenmoräne des Hinku-Nup-Gletschers wieder talauswärts und das bequeme Weglein hinaus, immer am Rand des kleinen Bachs, der aus dem Mera-Gletscher entspringt. Die Yaks standen schon hoch heroben, der Wacholder duftete, und ab und zu scheuchten wir ein Schneehuhn auf, das unter lauten Protestrufen das Weite suchte. Da war auch schon wieder Tangnag zu sehen.

Wie meistens, bevor ich zu einer kleinen Siedlung oder einem Dorf komme, setzte ich mich auch dieses Mal auf einen Rasenpolster und blickte auf die drei grauen Almhütten hinunter, die aus den Steinen der Umgebung aufgeschlichtet worden waren. Ihre Dächer waren mit langen Holzschindeln gedeckt, die man wohl einige Tage lang aus einer tiefer gelegenen Ortschaft heraufgetragen hatte. Denn Bäume, aus denen man Schindeln schlagen kann, gibt es hier heroben nicht. Ich sah einen Mann nach den Winterkartoffeln graben, die man in einem über einen Meter tiefen Loch im Erdreich aufbewahrt, um sie vor Frost zu schützen. Zwei andere trieben eine Herde zögerlicher Yaks über den Hinku Khosi, dabei warfen sie geschickt mit kleinen Steinen und pfiffen, wenn die störrischen

Tiere den Kurs nicht hielten, und ihre Pfiffe gellten durch das ganze Hochtal und brachen sich an den Wänden der umgebenden Berge. Dies alles nun war Leben und Geborgenheit und Zuversicht. Von einer Trunkenheit, ja Bewusstlosigkeit wie vor wenigen Tagen war bei diesen Männern auch im Entferntesten nichts mehr zu bemerken.

Die Frauen sah man nicht. Aber sie mussten eingetroffen sein. Nach einer mehr als zweitägigen Wanderung über einen viertausendfünfhundert Meter hohen Pass mussten sie angekommen sein. Und mit ihnen Zuversicht und Geborgenheit.

Sie mussten gerade in den Hütten das Abendessen zubereiten, denn durch die Ritzen der Schindeldächer stieg nun gelassen und ergeben der Rauch, als atmeten sie in einem unendlich langen, erleichterten Seufzer aus.

NIMA DORJEE UND DER WUNSCHBAUM

Gleich hinter Lukla, auf dem Weg nach Namche Bazar, kommt man nach etwa einer halben Stunde Gehzeit an einem riesigen, uralten Baum vorbei. Ich habe nie herausgefunden, welche Art Baum das ist, aber seine schiere Größe und die Tatsache, dass weit und breit kein vergleichbarer Baum zu finden war, ließ mich ihm den Namen Wunschbaum geben.

Nima Dorjee nannte mir den nepalesischen Namen des Baumes: *Carrso* lautete die phonetische Übersetzung. Der Baum strahlte eine Ruhe und Geborgenheit aus wie irgendein anderer, sehr, sehr alter Baum auf der Erde, und nur die vielen Gebetsfahnen und *Khattas* an seinen untersten Ästen und sein monistisches Dasein hoben ihn über seine gewöhnliche Existenz als Pflanze hinaus. Er stand in einem derartigen Maße alleine auf weiter Flur, als hätten die Natur und die Götter ein Zeichen setzen wollen, dass ein jeder Mensch, der sich allein fühlte, durch den jahrhundertelangen Bestand dieses Baumes einen tröstlichen Beistand hätte.

Wir setzten uns ruhig am unteren Rand des Baumes hin und schwiegen eine Weile. Dann versuchte ich Nima Dorjee zu übersetzen, was der Kommunikationswissenschaftler Bernhard Lux über Wunschbäume geschrieben hatte, denn ich wollte schon lange diesem merkwürdig mythischen Baum auch mithilfe von intellektuellen Erklärungen näherkommen.

Das Wünschen, schrieb Bernhard Lux, ist ein kaum wegzudenkender Teil unserer persönlichen Entwicklung. Wir wünschen uns selber oder für andere, dass sich die Dinge in einer bestimmten Richtung entwickeln, dass die herbeigesehnten

Ereignisse eintreten mögen oder wir von negativen Entwicklungen verschont blieben. Wünsche sind Teil unserer Alltagskommunikation, häufig aber auch Gegenstand und „Motiv" stiller Gedanken und Gebete. Im Wunsch, so Lux, vereinige sich die Hoffnung auf Erfüllung mit der Befürchtung, es könne eben doch anders kommen.

Insofern ist es nicht verwunderlich, wenn sich in verschiedensten Kulturkreisen Rituale und Mythen herausgebildet haben, die das individuelle Wünschen gewissermaßen öffentlich machen und damit erleichtern.

Ein solcher Mythos ist die Idee des Wunschbaums.

Wunschbäume gibt es in zahlreichen Kulturen. In manchen Ländern (wie Indien, Japan, China und Türkei) sind sie Bestandteile alter Traditionen und werden von vielen Menschen regelmäßig aufgesucht. Die jeweils gültigen Überlieferungen und Rituale, auch die Frage, unter welchen Umständen denn ein Wunsch in Erfüllung gehen kann, sind in den verschiedenen Kulturen recht unterschiedlich. Gemeinsam ist ihnen aber der Respekt vor der Macht und Magie der Bäume und die Vorstellung, dass die Bäume als Vermittler und Verstärker schicksalhafter Prozesse dienen können. Der eigentliche Ursprung der Wunschbaum-Symbolik liegt vermutlich in der hinduistischen Mythologie, die einen magischen Baum kennt, mit Ästen, die weit in den Himmel greifen und Wurzeln, die die ganze Welt umfassen. Er ist damit ein Vermittler zwischen Himmel und Erde, die Projektion einer natürlichen Verbindung zwischen der Einzelseele und ihrem göttlichen Ursprung. Der Wunschbaum erinnert an diese Verbindung und erleichtert damit das Wünschen.

Ich war mit meinen etwas holprigen Erklärungen zu Ende und zündete mir versonnen eine Zigarette an. Verwundert bemerkte ich, dass auch Nima sich eine Zigarette vom Päckchen nahm, wo er doch normalerweise nie rauchte. Aber ich gab ihm Feuer, und so saßen wir eine Weile schweigend da.

„Ich muss dir etwas erzählen", sagte er dann plötzlich.

„Ja", sagte ich.

„Es ist keine gute Geschichte", sagte er.

„Erzähl nur", sagte ich.

Nima nahm einen Zug von der Zigarette und räusperte sich.

„Das Grundstück hier", und er wies mit der Hand auf das Land unterhalb des Baumes, „gehört mir."

„Ist ja schön", sagte ich. „Hierher könnte man ganz wunderbar ein kleines Teehaus bauen oder eine Lodge." Und ich wäre in meinem Innersten durchaus bereit gewesen, ihn dabei im Rahmen meiner Mittel zu unterstützen.

„Es *gehörte* mir", sagte Nima dann.

Ich nahm einen letzten Zug der Zigarette.

„Gehörte dir", sagte ich dann. „Du hast es doch nicht verkauft?"

„Doch. Vor einem Monat", sagte er in monotonem Stimmfall.

„Das ist nicht gut", sagte ich. Ich wusste, dass Nima dann nur mehr eine kleine Bauernschaft weiter drunten in Chaurikharka, abseits der Touristenwege gehörte.

Ich sagte lange nichts. Dann: „Hast du wenigstens einen guten Preis dafür bekommen?"

„Hunderttausend Rupien."

Das war in unseren Augen gar nichts, und auch für nepalesische Vorstellungen sehr wenig.

Ich überlegte lange. Dann sagte ich: „Ich werde dir helfen, es zurückzukaufen."

„Ja", sagte Nima.

Wir schulterten wieder unsere Säcke und wanderten hinaus und hinauf nach Lukla, wo wir in Dschumba Sherpas Lodge, dem Cousin von Nima Dorjee, zwei Zimmer zu finden hofften.

Dschumbas Leben war in wirtschaftlicher Hinsicht ganz anders verlaufen als das von Nima Dorjee. Dschumba und seine Frau hatten als Achtzehnjährige bei Wolfgang Nairz als Küchenjunge und Küchenmädchen angefangen und mit dem wenigen Ersparten später ein kleines Teehaus gepachtet. Wiederum mit dem Ersparten erbauten sie eine kleine Lodge, um es Jahre später zu einem ersten eigenen, kleinen Hotel zu bringen. Dschumba hatte das erste Telefon und den ersten Fernseher in Lukla eingeführt, und es war amüsant gewesen, zuzusehen, wie fast die gesamte Einwohnerschaft von Lukla in seiner Gaststube saß und das erste Video anstarrte, das die Feierlichkeiten zur vierzigsten Jahresfeier der Everestbesteigung zeigte. Viele erkannten sich dabei selbst auf dem Bildschirm wieder, dann hallten Rufe des Entzückens und Schenkelklopfen durch den Raum. Damals, an diesem allerersten Tag des Fernsehens, blieben nicht wenige von ihnen für achtundvierzig Stunden vor dem Bildschirm sitzen, um immer wieder das Videoband zurückzuspulen.

Auch sonst hatte es Dschumba weit gebracht, er war einige Male Bürgermeister gewesen, und wenn wieder einmal an einer Stromleitung ein Defekt vorlag, so war es Dschumba, der hoch oben auf dem Mast mit einfachsten Werkzeugen die Reparatur vornahm. Dschumba war trotz seiner wirtschaftlichen Erfolge ein guter Mensch geblieben. Jedes Mal, wenn ich nach mehrwöchigen Aufenthalten in den Bergen in seiner Gaststube landete und zusammen mit meinen Begleitern ein begehrliches Auge auf die Flasche Johnnie Walker in seinem Regal warf, merkte er an: „Rudisör, du weißt, er ist teuer, aber du kannst ihn gern haben. Bring mir einfach bei deinem nächsten Besuch vom Duty Free Shop eine neue Flasche mit."

Jetzt saßen wir also wieder einmal in Dschumbas gemütlicher Gaststube zusammen, und als ich Nimas Geschichte vorgetragen hatte, verdüsterte sich Dschumbas Gesicht, er wies zu Nima und sagte: „Dieser Gentleman hat also jetzt die Zukunft seiner Kinder verspielt!"

Nima blickte schuldbewusst zu Boden, und ich versuchte die Situation zu entspannen, indem ich sagte: „Ich werde Nima helfen, das Grundstück zurückzukaufen, indem ich für eine Hälfte des Kaufpreises aufkomme. Die andere Hälfte soll die Verwandtschaft zahlen."

Dschumba blickte mich lange prüfend an, dann antwortete er: „Das wird nicht so einfach sein."

„Warum nicht? Es ist ja wirklich nicht sehr viel Geld für ein so großes, schön gelegenes Grundstück."

Nun folgte eine Erklärung, der ich über zwei Stunden nicht wirklich folgen konnte. Schließlich aber verstand ich. Es gab in Nepal ein Gesetz, wonach ein jeder Verkäufer eines Grundstücks oder einer Liegenschaft innerhalb eines Jahres die Möglichkeit hat, die Liegenschaft zum gleichen Preis zurückzukaufen. Damit wollte der Gesetzgeber verhindern, dass sich jemand im Suff oder einem anderen Ausnahmezustand über den Tisch ziehen ließ.

Um dieses Gesetz zu umgehen, griff man zu einem einfachen Trick: Man schrieb in den Kaufvertrag den drei-, den zehn- oder gar den zwanzigfachen Betrag des tatsächlichen Kaufpreises hinein. So auch bei Nima, und so war praktisch der Rückkauf ausgeschlossen und das Thema beendet.

Nima nahm diese Tatsache regungslos zur Kenntnis. Wir nahmen das Abendessen zu uns und begaben uns auf unsere Zimmer, denn am folgenden Tag mussten wir schon um sechs Uhr morgens auf dem Flugfeld sein. Ich hatte Nima nämlich versprochen, ihn mit nach Kathmandu zu nehmen und ihn in einer Privatklinik untersuchen zu lassen. Denn dieses Mal schien Nima wirklich krank zu sein: Seine Augäpfel waren gelb und er klagte über fortwährende Kopfschmerzen.

Am folgenden Morgen gut in Kathmandu angekommen, nahmen wir uns ein Taxi und fuhren zur Klinik. Dort sprach ich mit dem leitenden Arzt, und er versprach sich Aufklärung, wenn er Nima im Computertomografen untersuchte. Diese Untersuchung würde allerdings fünfzigtausend Rupien kosten. Ich bezahlte, und man führte Nima in einen Raum, dessen einziger Inhalt aus einem, wie ich zu erkennen glaubte, Computertomografen bestand. Ich verließ den Raum wieder, und man schloss die dünne Holztür. Während ich im Wartezimmer in der „Rising Nepal", der Hauspostille des Königs, blätterte, konnte ich kein noch so geringes Geräusch vernehmen, aber das sollte mir erst wieder zu Hause in Innsbruck auffallen. Nach einer Viertelstunde führte man Nima wieder heraus, und der Arzt meinte, es seien epileptische Anfälle, die Nima zu schaffen machten. Epilepsie war im Khumbu relativ häufig, wahrscheinlich bedingt durch die langen und schwierigen Geburten. Waren die epileptischen Anfälle an sich schon schlimm genug, verwechselten die Talbewohner diese Anfälle oft mit einem Rausch, und der Betroffene bekam keine Arbeit als Träger mehr.

Der Arzt verschrieb eine Großpackung Medizin, die ich in der klinikeigenen Apotheke erstand, und wir machten uns auf den Weg zurück ins Hotel.

Erst wieder zu Hause in Österreich fiel mir ein, dass Computertomografen ein Stakkato von lauten Geräuschen von sich geben, wenn sie denn eingeschaltet sind, und dass ich diese Geräusche, nur durch eine dünne Holztür getrennt, ganz unmöglich hätte überhören können. Man hatte den Apparat gar nicht eingeschaltet. Man hatte also mich und noch viel mehr Nima betrogen.

Bei meinem nächsten Besuch in Nepal ein halbes Jahr später war Nima nicht mehr in Lukla und zu Hause in Chaurikharka erzählte mir sein Bruder, dass Nima nun sehr krank sei und zur Pflege in Kathmandu bei seiner Schwester und seinem Schwager war. Ich beschloss, nach der Rückkehr aus den Bergen nach Nima zu sehen.

Wenn man vom Flughafen in Kathmandu die Abkürzung über die schmalen, verwinkelten Straßen voller Schlaglöcher nach Lazimpat nimmt, kommt man an einem kleinen, staubigen Fußballfeld vorbei, an dessen Rand kleine Häuser stehen mit großen Bäumen in den Vorgärten.

Im Garten eines dieser Häuser hatte man Nima auf eine Decke gelegt. Auf seinem Gesicht zeigte sich der Anschein eines Lächelns, als er mich sah. Die Farbe seiner Augäpfel war nun tiefgelb, und er schaffte es nicht, sich aus eigener Kraft aufzurichten. Es war erst früher Vormittag, aber die Sonne schien schon wieder kräftig, und Nimas Schwager brachte einen kleinen Sonnenschirm und rammte ihn in die Erde. Ich ging in die Hocke und blickte hilflos auf ihn hinunter und wusste nicht, wie ich ihn aufheitern sollte. Nach einer halben Stunde kehrte ich ins Hotel zurück und flog am nächsten Tag nach Hause.

Wenige Monate später hatten wir unser neues Haus in Innsbruck fertiggestellt und bezogen. In der Bibliothek läutete das Telefon. Wir waren um elf Uhr schlafen gegangen, und es dauerte eine Weile, bis ich, aus dem Schlaf gerissen, begriff, wo ich mich überhaupt befand. Aber das Telefon läutete noch immer. Ich knipste das Licht der Schlafzimmerlampe an. Maria lag friedlich mit dem Gesichtsausdruck eines Kindes tief verpackt im Daunenpolster.

Ich stand endlich auf, ging in die Bibliothek und hob den Hörer ab. Ich nannte meinen Namen und sah auf die Uhr. Es war halb zwei Uhr morgens. Ein Rauschen drang durch den Hörer. Ich konnte nichts verstehen, wiederholte immer wieder „Hallo, hallo" und fragte, wer der andere sei. Ein Knacken und wieder ein Rauschen.

Und schließlich verstand ich durch das Rauschen des Äthers das Wort Nima, und wieder ein Rauschen, wie von sehr weit weg. Lange versuchte ich, mehr zu verstehen, aber ich hörte, unterbrochen durch Knacken und Rauschen, immer wieder nur das Wort *Nima*.

Da wusste ich, dass es die Stimme von Nimas Schwager war. Sie klang ernst und eindringlich und wie eine Feststellung. So ging das einige Minuten lang. Dann brach die Verbindung ab. Ich sah den Hörer an und legte auf. Nun wusste ich, dass es mein Gefährte hinter sich gebracht hatte. Ich blickte aus der Wärme des Raums durch die neuen, dreifach verglasten Scheiben in die Winternacht hinaus. Es hatte zu schneien begonnen.

Das Telefon läutete kein zweites Mal mehr. Die Schneeflocken waren nun dicker und dichter geworden, und im Widerschein meines erleuchteten Fensters war von der Dunkelheit des Himmels nichts zu erkennen. Drüben, weit jenseits unseres kleinen Tiroler Tales, fast auf der anderen Seite der Erde, musste jetzt gerade die Sonne aufgehen.

Ich habe Nima nie gefragt, was er sich an jenem Nachmittag unter dem Wunschbaum erhofft hatte. Aber vielleicht hatte

197

auch hier das Unterbewusste sich über das Tagesbewusstsein gelegt und es vielleicht sogar für einige Minuten verdrängt. Vielleicht hatte er ganz im Innersten gar nicht mehr leben wollen, weil er aus seiner Lebenssituation, der Armut, der Niedergeschlagenheit, dem Alkohol ohnehin keinen Ausweg mehr sah. Vielleicht war ihm nun dieser innerste, dunkle Wunsch in Erfüllung gegangen.

LUKLA, DAS EDELWEISSFELD
UND DIE WEISSEN YAKKÄLBER

Die Suche nach dem Paradies ist so alt wie die Vertreibung aus
ihm. Es hat viele Ersatzorte und Begriffe gegeben, die sich die
Menschheit in ihrer ewigen Sehnsucht hat einfallen lassen: Als
Synonyme für das Paradies wurden Atlantis geschaffen, oder,
im 18. Jahrhundert, das Land Eldorado von Voltaire, oder,
wie in den 1930er-Jahren, der Ort *Shangri-La* vom englischen
Dichter James Hilton. Immer schon war also der Mensch auf
der Suche gewesen nach einem Ort, an dem es keine Armut,
keinen Hunger, keinen Krieg und keinen Tod gab.

Am Himalaya reizen die westlichen Touristen vor allem
zwei Dinge, schreibt Kanak Mani Dixit, ein nepalesischer
Dichter: die majestätischen Berge und die tibetisch-bud-
dhistische Kultur. Und weil beides zusammenhängt – viele Bergvölker verehren die Gipfel als Götterthrone –, weil
hier Mensch und Natur in vermeintlicher Eintracht leben
und weil zudem der Westen diese Welt Ende der Sechziger-
jahre „entdeckte", zu einer Zeit, als sich bei den wohlhaben-
den Nationen die ersten Sättigungsgefühle einstellten und sie
sich auf die Suche nach spirituellen Gegenentwürfen begaben, weil also all dies so ist, lebt Shangri-La noch heute. Die
Gralsburg der Seligen, erfunden von dem Romanschriftstel-
ler James Hilton, liegt hoch oben im nur noch vom Horizont
umwölbten Himalaya.

Die schönsten Erinnerungen meiner frühen Kindheit sind an
meinen eigenen Garten geknüpft. Denn mein Vater war Guts-

verwalter einer Industriellenfamilie, und ich durfte meinen eigenen kleinen Garten halten, zu dem ich über einen kleinen Weg gelangte, der links und rechts von blühenden Gladiolen bestanden war. Eine Allee von Gladiolen, die mich beinahe überragte. In diesem Garten zog ich ein kleines Maisfeld hoch, hegte und pflegte in meinem Zimmer aber auch einen Orangenbaum und einen Topf voller Edelweiß, die in Gefangenschaft jedoch nicht recht gedeihen wollten.

Später erfuhren meine Eltern einen schweren beruflichen Schicksalsschlag, und ich wurde in ein Internat gesteckt. Das war meine eigene kleine, sehr persönliche Vertreibung aus dem Paradies gewesen. Das Internat war karg und das Personal kalt, doch gab es auch hier, so wie überall, Ausnahmen.

In dankbarer Erinnerung behielt ich einen Lehrer, der uns in Geschichte unterrichtete. Diesem Lehrer in einem katholischen Internat also verdanke ich seltsamerweise meine lebenslange Liebe zur griechischen Götterwelt. Sein Spitzname war Tschen-U. Jahre darauf, so habe ich gehört, ist er dann Sekretär eines Bischofs in Bolivien geworden.

Trotz seiner unerträglichen Ausdünstung nach Knoblauch, die ihm weit vorauseilte, schneller, als er ihr mit seinem Holzbein folgen konnte, und seiner dicken, funkelnden Brillengläser hatten wir Schüler eine eigenartige Zuneigung zu diesem einsamen Menschen gefasst. Denn er war ein brillanter Erzähler. Er erzählte nicht nur vom Kampf der hundert Spartaner gegen die zehntausend Perser an den Thermopylen, von Zeus und Hera und Andromeda und Kassiopeia, sondern auch von Klothos, Lachesis und Atropos, den drei Moiren: Die erste spinnt den Lebensfaden, die zweite nimmt uns bei diesem Faden und stellt uns in eine bestimmte Position, die dritte schneidet den Faden durch. Trotz aller Schicksalshaftigkeit, so brachte uns Tschen-U bei, hätte der Mensch aber einen gewissen Gestaltungsspielraum seines eigenen Lebens.

Und so war ich Bergsteiger geworden.

Mit dem Flugzeug aus Europa gekommen, war ich gut in Kathmandu gelandet und bereits am nächsten Morgen, in aller Früh, nach Lukla auf zweitausendsiebenhundert Metern weitergeflogen. Wie immer, wenn ich in Lukla mit dem Flugzeug ankam, genehmigte ich mir ein zweites Frühstück in Lhakpa Sherpas Lodge. Die Lodge steht gleich neben dem Ein- und Ausgang des Flugfeldes, und Lhakpa wartet meistens vor der Tür, zusammen mit seinem Hund, und hält nach Touristen Ausschau. Ganz unverkennbar mussten Lhakpa und sein Hund schon in einem früheren Leben miteinander zu tun gehabt haben, denn die Ähnlichkeit zwischen den beiden ist geradezu frappant. Beide haben die gleiche Haarfarbe und einen Schopf, der ihnen frech von der Stirn in die Höhe steht.

Auch haben sie die Angewohnheit, den Kopf schief zu legen, wenn man mit ihnen spricht. Sogar die gleiche Zahnstellung haben die beiden, nämlich eine stark ausgeprägte Progenie, was ihnen einen durchsetzungsfähigen und zugleich gutmütigen Gesichtsausdruck verleiht.

Ich wurde also von beiden freudig begrüßt. Sie hörten sich meine Bestellung mit schiefgelegten Köpfen an (Käsetoast mit Ketchup und Milchkaffee) und verschwanden gleich mit ihrem typischen aufrechten Gang und geschäftig wiegenden Hüften in der Küche. Ein Frühstück bei Lhakpa bringt Heiterkeit in die tiefsten Höhlen der dunkelsten Seele.

Ich hatte mein Frühstück beendet und schulterte meinen Rucksack. Lhakpa und sein Hund verabschiedeten mich an der Tür.

„Vergiss nicht", sagte Lhakpa zur Erinnerung, „gleich hinter Chutanga geht ein kleines Weglein ab in Richtung Zatr Teng. Von dort an wirst du niemandem mehr begegnen."

„Jaja", sagte ich etwas abwesend und hatte schon die Skistöcke in der Hand.

„Außer ein paar Blutegeln", rief mir Lhakpa noch nach.

An der letzten Hausecke drehte ich mich noch einmal um. Beide, Herr und Hund, standen sie mit schiefgelegten Köpfen da. Ihrer beiden Mundwinkel waren nach oben gezogen, was ihnen einen heiteren Ausdruck verlieh.

Der Tag würde ein langer werden, denn ich hatte vor, es heute noch bis über den fünftausend Meter hohen Zatr Teng zu schaffen und das Hinku-Tal zu erreichen.

Von Lukla aus gibt es dazu zwei Möglichkeiten: über den Zatr La (La heißt Pass), er ist unschwierig zu ersteigen und etwa viertausendfünfhundert Meter hoch, oder über den Zatr Teng. Der Zatr La wird inzwischen praktisch von allen Trekking- und Expeditionsgruppen als Übergang benutzt, man steigt dann nach der Passhöhe wieder auf dreitausenddreihundert Meter ab, nach Mosom Kharka (Kharka heißt Alm), und kann in den folgenden Tagen über einen bequemen Steig den Weiler Tangnag erreichen. Das Ganze dauert dann etwa fünf Tage.

Ich hatte mir vorgenommen, dasselbe in einem Tag zu schaffen, und zwar über den besagten Zatr Teng. Als Orientierungshilfe hatte ich die Shorong-Hinku-Karte von Erwin Schneider dabei, auf der die gesamte Route in Form einer strichlierten Linie eingezeichnet war. Hinter Lukla ging es zwischen den letzten alleinstehenden Häusern durch und über sanft ansteigende Almwiesen etwa zwei Stunden taleinwärts, dann wurde das Gelände steiler, und ich schaltete einen

Gang zurück, weil ich ja noch in keinster Weise akklimatisiert war. Bald erreichte ich die ersten großen Rhododendronbäume und schließlich einen ganzen Wald. Er stand in voller Blüte. Weiß, violett und rot leuchteten sie gegen den dunkelblauen Himmel. Vereinzelt konnte ich Seidelbast entdecken und Orchideen, die auf vermoderten, umgestürzten Baumstämmen ihre Bleibe gefunden hatten.

Bis Chutanga verlief der Anstieg ident mit demjenigen zum Zatr La, dann muss man für den Zatr Teng nach links abbiegen, so wie es mir Lhakpa richtig angesagt hatte. Ich fand die Abbiegung und stieg noch eine gute Stunde auf einem schmalen Pfad höher, bis ich auf einmal bemerkte, dass ich mich in weglosem Terrain befand. Ich zog die Schneider-Karte wieder hervor. Da war ganz unzweifelhaft ein Weg eingezeichnet, den es aber in der Natur nicht gab. (Nach meiner Rückkehr habe ich einmal den legendären Erwin Schneider unter Aufbietung all meiner diplomatischen Fähigkeiten auf diese Diskrepanz aufmerksam gemacht, doch obwohl ich mit ihm Bruder im gleichen Bergsteigerclub war, ist mir nur ein Knurren, einem Bären ähnlich, von dieser Begegnung in Erinnerung geblieben. Wahrscheinlich litt auch er, wie die meisten Kartografen, an einem *horror vacui*. Weiße Flecken auf der Landkarte können sie nicht ertragen. Besser eine willkürliche Wegmarkierung oder Höhenlinie als eine Leerstelle.)

Jedenfalls stieg ich weglos höher und orientierte mich mehr an den über mir stehenden, senkrechten Felsnadeln und Wänden, zwischen denen der Zatr Teng liegen musste. Einige Male war ich genötigt, wieder abzusteigen, um auf der gegenüberliegenden Seite eines Bächleins einen Rücken emporzusteigen, und merkte bald, dass mich solche Manöver viel Zeit kosteten. Es dunkelte bereits, als ich zwischen großen

Felsblöcken ein kleines, geschütztes Plätzchen für die Nacht fand. Auch Wasser war in der Nähe, und ich beschloss, dass es mir hier an nichts fehlte. Der Höhenmesser zeigte viertausendachthundert Meter.

Die Nacht war klar und kalt, und ich fand am nächsten Morgen ganz richtig den steilen Schotterhang, der zum Pass führte. Zu meiner Überraschung war der Zatr Teng aber kein Pass, sondern eine Scharte, zu der man nur über Klettergelände gelangte. Aber es war nicht sehr schwer, ein kurzer Aufschwung mit einem etwas exponierten Quergang war vielleicht im dritten Schwierigkeitsgrad, und ich genoss die luftige Kletterei und hatte bald den Scheitelpunkt erreicht. Der Höhenmesser zeigte genau fünftausend Meter. Hier befand sich ein kleines Steinmännchen mit verwitterten Gebetsfahnen, und ich freute mich über dieses Zeichen menschlicher Anwesenheit und blickte in das Hochkar hinunter, das sich auf der anderen Seite erstreckte. Ich konnte keinen Menschen und kein Tier erblicken.

Ich querte nun von der Scharte in das Hochkar hinein, hier begann ein kurzes Stück eines ausgeprägten Wegleins. Da bemerkte ich mit einem Mal, dass ich meinen linken Arm nicht mehr fühlen konnte. Ich knetete ihn mit meiner rechten Hand, aber er blieb von der Schulter abwärts gefühllos.

Es gab nun viele Möglichkeiten einer medizinischen Deutung, und ich musste in diesem Moment die schlechteste annehmen. Denn ich war ja innerhalb von zwölf Stunden von vierzehnhundert Meter auf fast fünftausend Meter gelangt, und meine Durchblutung und mein Gehirn mochte mir nun diese Unvernunft nachtragen, möglicherweise mit fatalen Folgen. Doch machte mir diese Erkenntnis seltsamerweise überhaupt nichts aus. In mir selber war die gleiche Ruhe wie in der Landschaft um mich, und ich setzte meinen Weg fort.

Das Weglein war unterbrochen, und ich stieg über die beginnenden Wiesen weiter ab, bis mir das Gelände nicht mehr gefiel. Ganz offensichtlich musste ich wieder zurück. Ich hatte das Ende des Steiges wieder erreicht und begann daraufhin das Hochkar zu queren, immer Ausschau haltend nach der Fortsetzung des Weges. Aber ich konnte keine Spuren entdecken. Ich setzte mich hin und aß einen Apfel. Meinen Arm spürte ich noch immer nicht. Da sah ich etwa zehn Meter vor mir eine rostige Konservendose liegen.

Nie mehr in meinem Leben bin ich so glücklich über eine rostige Konservendose gewesen. Ich war auf dem richtigen Weg. Am Ende des Kares erreichte ich eine kleine, dieses Mal unschwierige Scharte, und hier stand auch der erste Steinmann. Dahinter begann ein ausgeprägter Weg, der angenehm und in leichtem Auf und Ab um den halben Berg führte. Ich wunderte mich über das strahlende Weiß der Berghänge vor mir, die sich über Hunderte von Metern erstreckten. Beim Näherkommen sah ich, dass es geschlossene Edelweißfelder waren, die sich ober- und unterhalb des Weges an den Rücken entlangzogen und deren Blütenkronen im sanften Bergwind vor und zurück wogten. Eine solche Apotheose hatte ich noch nie erlebt, und ich bückte mich, um ein besonders großes Edelweiß als Andenken zu pflücken und zwischen den Seiten eines mitgeführten Buches zu pressen. Es war das *Buch der Unruhe*, von Fernando Pessoa.

Die Edelweiße meiner Kindheit fielen mir wieder ein. Hier hatte ich sie also wieder, im Überfluss, und ich war der freieste Mensch der Welt. Unmittelbar darauf bemerkte ich, dass ich meinen Arm auf einmal wieder fühlte, als sei nichts gewesen.

Die Wanderung der folgenden Stunden gehört zu den schönsten in meinem Leben. Ich war um den halben Bergrücken herumgewandert und nun entdeckte ich unter mir viele Punkte, große und kleine, die sich auf den grünbraunen Wiesen bewegten, und dazwischen eine langgestreckte Almhütte aus Bambus. Es waren Yaks, weiße und schwarze, neugeborene und alte.

Vor der Hütte saß ein altes Ehepaar, ganz offensichtlich mit seinem Enkelkind, einem etwa zehnjährigen Mädchen. Sie grüßten mich freundlich und brachten mir Milchtee und Tschapati. Später dann wurde ein großer Topf mit Kartoffeln auf das Feuer gestellt, und wir genossen sie zusammen mit einer Sauce aus Chili, Kräutern und ranziger Butter. Sie schauten verwundert und lachten, weil ich die kleinen, runden, süßen Kartoffeln mitsamt der Haut aß und *Nun*, Salz dazu verlangte. Zum Schluss tranken wir noch Unmengen von Buttertee, an dessen Geschmack ich mich hier wie selbstverständlich gewöhnte.

In der Schneider-Karte war dieser Ort als Gondishung eingezeichnet und lag auf einer Höhe von etwa viertausend Metern. Beim Dunkelwerden stand der Großvater noch einmal auf, gefolgt von der Enkelin, und ich hörte, wie sie „Lho, Lho" riefen und die Yakherde in die Hütte trieben, denn es musste hier Gefahr durch wilde Tiere geben, wahrscheinlich Bären oder Schneeleoparden.

Endlich legten wir uns um das offene Feuer zur Ruhe. Die Großmutter murmelte Gebete, immer wieder assistiert von ihrem Mann, und, seltener, von der Enkeltochter. Vom Stall her, der nur durch eine dünne Bambusmatte von uns getrennt war, kamen die Geräusche des Wiederkäuens und das Grunzen der Yaks, und das gelegentliche hellere Plärren der erst wenige Tage alten weißen Yaks. Darüber musste ich eingeschlafen sein.

Ich hatte wohl zu viel Tee getrunken, denn um Mitternacht wachte ich auf. Das niedergebrannte Feuer beleuchtete noch schwach die friedlichen Gesichter der Schlafenden, eng aneinandergeschmiegt und geborgen unter ihren Decken. Es überkam mich ein Gefühl von Heimat. Wenn es einen sicheren Ort auf der Welt geben sollte, dann war er hier. Ich hatte das Paradies wiedergefunden. Als ich zwischen den Yaks den Weg ins Freie suchte, drehten sich Dutzende Augenpaare zu mir um und glühten mich im Dunkeln an.

Der Sternenhimmel war klar und von keinem Widerschein einer großen Siedlung oder einer Stadt getrübt. Da standen sie alle oben, Andromeda und Kassiopeia und gewiss, wenn auch unsichtbar, die Schicksalsgöttinnen Klothos, Lachesis und Atropos. Die erste spinnt den Lebensfaden, die zweite nimmt den Menschen beim Faden und setzt ihn in eine bestimmte Position im Leben, die dritte schneidet den Faden durch. So hatte es uns der Geschichtsprofessor gelehrt.

Ich stellte mir vor, wie es gewesen wäre, dort oben, auf dem Zatr Teng, mit dem gefühllosen Arm, wenn Atropos wirklich und endgültig zur Schere gegriffen hätte, und war mit meinem Leben und mit meinem Ende einverstanden.

DANK

Bernd Mihalits, Maria Peters, Anette Köhler, Walter Klier, Salami Dawa, Tendy Sherpa, Hugo Klingler, Dr. Harald Meller und meinen vielen ungenannten nepalesischen Freunden, mit denen ich mehr als dreißig Jahre unterwegs sein durfte.